위대한 영화는
이것이 있다

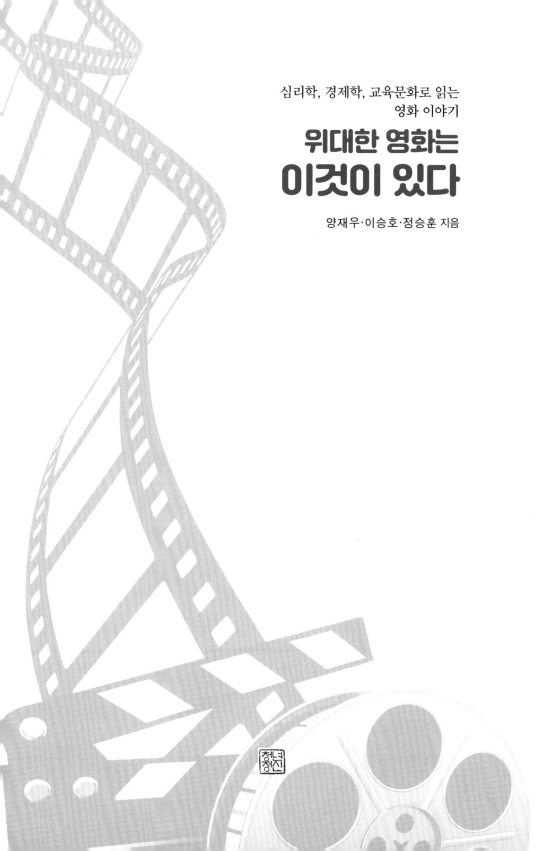

심리학, 경제학, 교육문화로 읽는
영화 이야기

위대한 영화는
이것이 있다

양재우·이승호·정승훈 지음

여러분이 마지막으로 영화관에 간 것은 언제인가요? 인류에게 TV보다 먼저 선보인 영화가 이제 영화관에서만 보는 게 아니라 집에서 즐기는 문화로 바뀌고 있는 것은 코로나 때문만은 아닌 것 같아요. 넷플릭스가 등장하면서 전 세계에서 동시에 방영되는 영화와 드라마로 영화관 개봉을 기다리지 않아도 되는 시대가 되었습니다. 인터넷을 통해 볼 수 있는 TV 서비스인 OTT(Over The Top) 방식으로 시청하는 거지요. 복잡한 영화관에서 예매를 하고 상영시간을 기다려야 하는 번거로움 없이 집에서 편한 차림으로 다른 사람 신경 쓰지 않고 볼 수 있다는 장점이 있죠.

영화관도 대형 영화관이 사라지고 소형 영화관을 여러 개 갖추고 동시에 여러 영화를 상영하고 있어요. 중학교 시절 대형 영화관에서 귀를 막아야 할 정도로 커다란 소리를 들으며 보던 ET, 커다란 달을 배경으로 자전거를 타고 날아가는 장면은 지금도 기억에 생생해요.

영화 소비문화와 자본의 논리에 의해 움직이면서 콘텐츠도 달라지고 있어요. 영화를 직접 보는 것보다 유튜버가 알려주고 소개하는 영화 이야기가 더 흥미롭고 재미있을 정도니까요.

영화를 보는 것으로 만족하는 사람도 있지만, 결말이 이해되지 않거나 영화의 비하인드 스토리가 궁금해서 여기저기 기웃거리며 찾아보는 사람도 있을 거예요. 같은 영화지만 각자의 관심과 관점에 따라 기억에 남는 장면도 다르고 감동도 다르니까요.

문득 같은 영화지만 다른 분야의 사람들은 어떻게 볼까 궁금했어요. 그래서 같은 영화를 심리, 경제, 교육 문화의 관점으로 보고 이야기하는 형식으로 글을 써보면 재미있겠다는 생각을 하게 되어 이 책을 쓰게 되었어요.

그렇다고 전문적인 이론을 다루지는 않았어요. '아~ 이렇게 다르게 볼 수도 있구나' 정도를 느끼고 또 다른 재미를 찾을 수 있으면 된다고 생각하고 쉽고 가볍게 다뤄봤어요. 자아, 가족, 사랑, 인생, 죽음, 행복이라는 여섯 개의 주제로 각각 세 편의 영화를 선정해서 총 18편의 영화를 소개했어요. 심리편은 심리학을 전공한 이승호, 경제편은 재무 전문가이자 경제도서 저자인 양재우, 교육 문화는 교육학과 문화학을 전공한 정승훈이 맡았어요. 각각의 전문 분야에 몸담고 있는 분들이 동의하지 못하거나 틀리다고 생각하는 부분이 있을 수는 있겠으나 이 책은 전문서적이 아닌 이웃 사람들이 들려주는 지극히 개인적인 이야기로 같이 공감하고 느끼면 됩니다.

이 책은 영화를 보고 읽어도 좋고, 보지 않고 읽어도 괜찮아요. 혹은 책을 보고 다시 영화를 봐도 좋겠죠. 영화는 시대와 나라를 다양하게 정했어요. 마음에 드는 영화나 주제부터 읽으셔도 돼요. 책과 영화를 보고 공감이나 이견이 있으면 언제든 저자들의 SNS로 참여해 주세요.

_ 정승훈

차 례

PART 1 자아,
나를 찾아 떠나는 여행

PART 2
가족,
가깝고도 먼

PART 3
사랑,
첫 사랑과 마지막 사랑 사이 그 어디

PART 4 인생, 다시 돌아오지 않을 지금 이 순간

PART 5 죽음, 좋은 죽음을 준비한다는 것

PART 6

행복,
어디에 있을까?

PART 1

자아,
나를 찾아 떠나는 여행

동주

동주(DongJu; The Portrait of A Poet, 2016)
감독 이준익
주연 강하늘(윤동주 역), 박정민(송몽규 역), 김민우(고등형사 역)

영화 〈동주〉는 한글 이름으론 유학을 갈 수 없어 창씨 개명을 해야 했고, 한 글로 쓴 시를 출판하는 것 자체가 위험한 일이었던 일제강점기를 살았던 윤동 주 시인의 삶을 보여준다. 흑백 영화로 제작된 〈동주〉는 그 시기에 만든 영 화 같다.

시보다 독립운동을 중요하게 생각하는 송몽규는 동갑의 친한 친구이면서도 동주를 한없이 부끄럽게 하는 존재다. 인간 윤동주를, 나라를, 모국어를 빼앗 긴 시인으로, 나는 누구인가를 생각해보게 하는 영화다.

한 인간의
부끄러움에 관한 서시

횡단보도 빨간 신호등. 급한 마음에 그냥 건너려고 하는데 길 건너편 초등학생들이 눈에 띕니다.

'바쁜데 그냥 건널까.'

'그래도 그렇지. 성인이 파란 신호등도 아닌데 건너면 쪽팔리잖아.'

어떤 선택을 내렸을까요. 상황 혹은 성향에 따라 다르긴 하겠지만 저처럼 '쪽팔리다'는 느낌이 드는 경우, 우린 이를 '부끄럽다'고 표현합니다. 이는 다른 동물에서는 찾아볼 수 없는 감정입니다. 기독교 『성경』 「창세기」에는 아담과 하와가 선악과를 따먹고 벌거벗은 몸에 눈이 열려 부끄러움을 느끼게 되었다는 구절이 있습니다. 아마도 인류 최초의 감정적 행위가 아닌가 여겨지며 이는 타인을 의식함에서 비롯됩니다.

교과서 혹은 매체들을 통해 윤동주라는 시인에 대해 들어보셨을 겁니다. 독립운동가요 한국인이 가장 사랑하는 시인 중 하나로 알려진 윤동주, '죽는 날까지 하늘을 우러러'로 시작되는 '서시'를 읊조렸던 분들도 있겠지요. 오늘 우리는 포장된 모습이 아닌 그의 내면적 속살을 들여다보려고 합니다. 중요한 키워드는 바로 '부끄러움'입니다.

심리학자 프로이트는 자신을 너무 높게 평가하는 데서 부끄러움이 발생한다고 보았습니다. 자존감의 표현이지요. 아들러는 열등감에서 파생되는 심리적 기저로도 이해합니다.

동주는 어떠하였을까요?

그에게는 일생의 라이벌이 있었어요. 고종사촌인 송몽규죠. 또래이자 가장 가까운 사이였고 마지막 순간까지 함께하였던 동지. 어린 시절부터 공부를 곧잘 하여 기대를 모았던 동주였지만 몽규와의 경쟁에서는 그렇지 못하였습니다. 영화 장면에서도 나오지만 일본 유학에의 꿈을 품고 두 사람은 교토제국대학 입학시험에 응시합니다. 그리고 몽규는 보란 듯이 합격했으나 동주는 불합격의 고배를 마십니다. 자신뿐만 아니라 부친의 실망 또한 이만저만이 아니었죠.

하지만 동주에게는 또 다른 필살기가 있었습니다. 그것은 문학. 이것만큼은 밀릴 수 없었죠. 그런데 이런! 동아일보 신춘문예에 떡하니 당선된 것은 다름 아닌 몽규. 당시 신춘문예의 권위와 벽은 높았기에 그의 당선은 대단한 경사로 여겨졌습니다. 공부 그리고 문학에서도 뒤진 동주의 심정은 어떠했을까요? 대범하게 사내답게 그에게 멋진 축하를 건네었을까요?

"대기는 만성이다."

이렇게 표현하였다고 합니다. 이 말에 동주의 성향이 담겨 있습니다. 어떤 감정이 묻어 있을까요. 애써 덤덤해보지만 질투와 스스로 부족함에 대한 부끄러움 및 오기가 묻어나옵니다.

비교를 당하는 상황. 동주는 결심을 하였습니다. 그래 두고 봐라. 반드시 몽규보다 앞서리라. 아마도 이런 성향이 끝내 자신의 길을 올곧이 걸어간 결과를 낳았겠지요.

어렵게 일본 유학의 장도에 오르는 길. 동주는 난관에 봉착합니다. 창씨개명을 하여야 했기 때문입니다. 그렇지 않으면 그토록 소망하던 학교를 다닐 수 없었지요. 한글이 아닌 일본식 이름이라니. 자신의 꿈을 펼치고 싶었던 그였기에 심리적 고뇌가 일어납니다. 포기할까. 아니면…

히라누마 도오쥬(平沼東柱), 그의 일본식 이름입니다. 일제강점기 상황에서 많은 이들이 그런 결정을 내렸기에 스스로를 합리화할 수도 있었건만 그럼에도 그는 얼굴을 들지 못합니다. 자신의 비겁함에 느껴지는 또 다른 부끄러움이지요.

아주대 정신과의사 이호영 교수는 『사람은 왜 부끄러워하는가』라는 책을 통해 다음과 같이 이야기합니다.

"부끄러움은 본질적으로 자기를 평가하고 성찰할 때 느끼기 때문에 결국 자기에 관해서 자기가 느끼는 감정이며, 따라서 부끄러움은 진정한 자기를 허구의 자기 속에서 발견하는 길이 된다."

'참회록'이라는 시를 통해 그는 솔직한 심정을 고백하며 진정한 자신의 길을 다짐합니다. 이 같은 부끄러움은 감정적 발로로 끝남이 아닌 절치부심切齒腐心의 행위로 이어집니다.

> 내일이나 모레나 그 어느 즐거운 날에
> 나는 또 한 줄의 참회록을 써야 한다.
> 그때 그 젊은 나이에
> 왜 그런 부끄런 고백을 했던가.

끝내 차가운 형무소에 투옥된 동주. 생체실험 마루타로 비극적 결말의 그림자가 드리울 무렵, 스스로를 또다시 부끄럽다고 말합니다. 일찍 몽규처럼 독립운동의 행위자로서 앞장서지 못했음을.

하지만 그의 부끄러움은 나약함과 비겁함이 아닙니다. 존경하던 정지용 시인과의 만남에서 자신의 방향성 고민을 토로하였던 동주. 그의 모습에 대시인은 현실 정세를 빗대어 다음과 같이 응답하였습니다. 이는 동주라는 이름의 상징성을 대변하는 중요한 메타포^{metaphor}입니다. 자각을 통한 자신과 대면하는 장이기 때문입니다.

"부끄럽지 않게 사는 게 얼마나 힘든 일이겠나. 윤 시인. 부끄러움을 아는 건 부끄러운 게 아니야. 부끄러운 걸 모르는 놈들이 더 부끄러운 거지."

양심에 반하는 행위를 했을 때 인간은 부끄러움을 느낍니다. 그럼에도 다수의 사람들은 이에 대한 인식보다는 당연하듯이 마주치는 현실에 타협해 살아갑니다. 이를 김병후 정신과의사는 "지금 우리 사회가 맞닥뜨린 문제는 부끄러움을 많이 타는 사람보다 부끄러움을 모르는 사람이 늘고 있다는 데에 있다."라고 지적합니다.

그래서일까요. 그렇지 않은 삶을 살아가는 이들에 경외심을 품게 됩니다. 어려운 선택이란 것을 알기에.

몽규와의 경쟁, 창씨개명, 실천적 독립운동가로 나서지 못했다는 것 등 우리가 아는 투사의 모습과는 간극이 있었던 동주. 그럼에도 그가 후대의 우리들 사이에서 회자되고 있는 까닭은 뭘까요? 아마도 그런 인간적인 부족함의 모습에도, 자신의 시를 통한 진실의 길을 끝내 스스로와 죽음 명제 앞에서 증명해낸 때문은 아닐까 합니다.

한 인간으로서 삶의 일면을 보여준 윤동주. 그를 기억하였으면 합니다. 기억한다는 건 잊지 않는 것이기에.

"내 자신이 부끄러울 뿐, 가난은 결코 부끄러운 것이 아니다"

부끄러움의 경제학

부끄러움이란 단어가 있다. 이는 인간이 지니고 있는 여러 감정 중 하나로서 공적, 사적인 자리에서 타인으로부터 망신을 당하거나 열등감을 느끼게 될 때 생기는 감정이라 할 수 있다. 혹은 잘못된 일로 인해 양심에 가책을 느끼거나 숫기가 부족해 타인 앞에서 자신의 생각대로 말이나 행동을 하지 못할 경우를 뜻하기도 한다.

부끄러움은 심리학적 용어이다. 내면의 상태에 따라 발현될 수도 있고 극복될 수도 있기 때문으로, 중요한 것은 현재 나의 상태라 할 수 있다. 자신에 대해 만족하고 자신감이 흘러넘칠 때 부끄러움은 사라지게 되고, 오히려 타인 앞에서 당당하게 내 모습을 드러낼 수 있기 때문이다.

이러한 부끄러움을 경제적 관점으로 해석해 보자. 우리는 언제 경제적으로 부끄러움을 느끼게 될까? 아마 깊이 생각하지 않더라도 돈이 없어 꼭 필요한 생활필수품 등을 살 수 없거나, 등록금이나 회비 등을 낼 수 없을 때, 혹은 공적인 자리에 맞는 옷차림이나 치장을 하지 못할 경우 우리는 부끄러움을 느끼게 될 것이다. 속칭 쪽팔린 상황인 거다.

경제적 관점으로 볼 때 돈이 없음을 뜻하는 가난, 빈곤은 부끄러움의 대상이라 할 수 없음에도 왜 우리는 가난에 대해 부끄러움을 느끼게 될까? 여기에는 필히 타인과의 비교, 즉 돈의 많고 적음에 따라 상대적 비교가 이루어지고 있기 때문이라 할 수 있다.

우리가 살고 있는 사회는 자본주의를 발판으로 하고 있다. 이러한 자본주의는 자본을 종교처럼 우상화한다. 그러다 보니 암묵적으로 자본에 의한 계급화가 이루어지고 있으며, 가난한 사람은 이러한 계층 중 가장 낮은 하위 단계에 속하게 된다. 즉 자신의 낮은 계급으로 인한 부끄러움을 느끼게 되는 것이다.

하지만 이는 사회가 만들어낸 허상에 불과하다. 즉 교육에 의한 사회화 때문이라 할 수 있다. 즉 어렸을 때부터 학교, 사회로부터 자본주의가 만들어낸 무의식적 '계급론'에 익숙해지다 보니 단지 그렇게 생각하며 생활하는 것이라 할 수 있다.

몇 년 전 어느 대학교 근처에서 리어카에 채소를 싣고 다니면서 장사를 하던 사람이 대학을 수석 졸업했다는 이야기가 뉴스로 소개된 적이 있다. 돈 벌랴, 공부하랴 얼마나 힘들었을까? 그럼에도 그가 뉴스에 등장한 이유는 역시나 수석 졸업까지 차지했기 때문이었으리라. 그를 인터뷰한 기자는 가난 때문에 부끄럽지 않았는지 물었고, 그는 이렇게 답했다고 한다.

"저에게 가난은 부끄러움의 대상이 아닌, 단지 생활하는데 불편함 정도였죠."

맞다. 가난은 단지 내 주머니에 돈이 없다는 것을 의미하고, 그로 인해 생활의 불편함만 있을 뿐 전혀 부끄러움의 대상이 될 수 없다. 고대 그리스의 역사가 플루타르코스가 지은 『영웅전』에는 이런 문장이 등장한다.

'가난은 가난 그 자체보다 가난해진 원인이 더 큰 문제일 수 있으며, 자신의 나태나 고집, 어리석음의 결과로 생겨난 가난이라면 이것이 바로 진심 부끄러워할 것이다.'

동주의 경제적 부끄러움

한 남자가 있었다. 그는 유복한 할아버지와 교사 아버지 밑에서 부족함 없이 자랐다. 가지고 싶은 것, 하고 싶은 것, 전부 다는 아니었겠지만 경제적 능력을 갖춘 그의 부모는 열성을 다해 그를 뒷바라지했다.

감수성이 풍부했던 그는 문학, 그중에서도 시를 쓰고 싶어 했는데, 시는 그의 감성을 채워 줄 오아시스였기 때문이다. 그래서 그는 대학에서 문학을 공부하기로 결심한다.

하지만 그의 아버지는 그 결정이 마음에 들지 않았다. 문학을 전공해봤자 글쟁이의 길을 가게 될 텐데, 기껏해야 신문기자가 된 아들의 모습이 그려졌기 때문이었다. 아버지는 아들에게 의사가 될 것을 권유한다. 지금도 그렇지만 의사란 명예도 돈도 벌 수 있는 대표적인 직업이니까. 그러면서 시는 의사가 돼도 쓸 수 있는 것이라며 아들을 설득하고자 한다.

하지만 그는 결심을 굽히지 않는다. 자식 이기는 부모 없다고 결국 대학에 진학, 문학을 전공하게 된다. 부유한 집안 덕에 당연히 등록금 걱정은 하지 않아도 되었고, 그렇게 일본 유학까지 떠나게 된다. 하지만 어느 순간 집안이 몰락하기 시작하고, 아버지가 일자리를 잃게 되며 그의 경제적 상황은 순식간에 바뀌게 된다. 졸지에 가난한 유학생이 되고 만 것이다.

윤동주의 삶에서 정치적, 시대적 배경을 빼면 위와 같은 다소 김빠진 이야기가 되고 만다. 그저 유복했던 집안이 몰락하여 가난한 유학생 신세가 된다는 것이 이야기의 전부다. 그러나 스토리는 여기서 끝나지 않는다. 부자는 망해도 3년은 간다는 말이 있지만 마음 여린 윤동주는 이런 상황에 큰 충격을 받았으리라. 또한 당장 현실에서 경제적 문제가 대두되었을 것이고, 여러 면에서 궁핍해질 수밖에 없었을 것이다.

하지만 그럼에도 그는 꿋꿋했다고 한다. 없는 형편임에도 돈을 빌려달라는 친구들의 부탁을 거절하지 않았고, 그로 인해 그의 외투와 시계는 매번 전당포 신세를 질 수밖에 없었다. 또한 그가 심혈을 기울인 첫 시집 「하늘과 바람과 별과 시」 역시 경제적 곤궁함으로 출간되지 못하고 유작이 되었다. 물론 한글과 한국어 모두 엄격히 금지된 일제강점기 시대에 모국어로 쓴 시집을 출간한다는 것은 목숨을 걸 만큼 위험한 일이었기 때문이기도 했으나 가난으로 인해 어쩔 수 없는 부분이기도 했다. 자비 출판을 할 돈 300원(현 가치로 약 300만 원)이 없어서였다. 만약 그의 집안이 계속 유복했더라면 그는 살아생전에 유명한 시인이 되었을 것이고, 그로 인해 그의 삶 또한 바뀔 수 있지 않았을까?

영화 〈동주〉에서 비친 윤동주의 이미지는 상당히 깔끔하고 세련된 느낌이다. 물론 스스로를 자책하고 부끄러워하면서 자신의 정신적 성장을 위해 스스로를 채찍질하는 모습이 많은 부분을 차지하긴 하지만, 그는 결코 자신의 가난을 드러내려 하지 않았을 뿐 아니라 이를 부끄러워하지도 않았다. 항상 다른 사람을 만날 때면 깨끗이 세탁하고 정성스레 옷을 다려 정결함을 유지했는데, 그가 손수 재봉틀을 다루고 옷을 수선하는 기술을 가지고 있었다는 사실은 그가 가난으로 인해 생겨날 수 있는 부끄러움을 이겨내기 위한 하나의 필수요건이 아니었을까 싶다.

영화 〈동주〉를 경제적 관점으로 바라보면서 문득 떠오르는 시가 한편 있다. 바로 신경림 시인의 〈가난한 사랑노래〉이다. 이 시는 가난 때문에 어쩔 수 없이 포기해야 하는 연인들의 안타까움을 노래한다. 그럼에도 역설적으로 경제적 형편상 그럴 뿐 마음은 결코 그렇지 않다는 것을 아주 뜨거운 사랑으로 노래한다.

가난하다고 해서 사랑을 모르겠는가
내 볼에 와 닿던 네 입술의 뜨거움
사랑한다고 사랑한다고 속삭이던 네 숨결
돌아서는 내 등 뒤에 터지던 네 울음
가난하다고 해서 왜 모르겠는가

_ 신경림, 〈가난한 사랑노래〉 중 일부

부끄러움을 모르는 사회,
시를 읽지 않는 사회

"부끄럽지 않게 사는 게 얼마나 힘든 일이겠나. 윤 시인, 부끄러움을 아는 건 부끄러운 게 아니야. 부끄러운 걸 모르는 놈들이 더 부끄러운 거지."

영화에서 연희전문대학에 다니던 윤동주가 평소 존경하던 정지용 시인을 만났을 때 정지용 시인이 해 준 말이다. 영화 〈동주〉에서는 부끄러움에 관해 이야기하는 장면이 유독 많다. 후쿠오카 형무소에서 심문을 받으며 "이런 세상에 태어나서 시를 쓰기를 바라고, 시인이 되기를 원했던 게 너무 부끄럽고, 앞장서지 못하고, 그의 그림자처럼 따라다니기만 한 게 부끄러워서 서명을 못 하겠습니다." 라며 지식인으로서의 부끄럼과 개인으로서의 부끄럼을 이야기한다.

2019년은 3.1운동 100주년이 되던 해였다. KBS1 TV에서는 〈도올아인 오방간다〉 10회 프로그램으로 '한 점 부끄럼이 없기를, 윤동주 편'을 방송했는데, 출연자인 유아인이 '부끄럼'에 관한 자신의 경험을 털어놓았다.
초등학생 시절 누나가 쓴 글을 내서 1등을 했으나 밝히지 않았던 내용,

학교에서 친구가 약한 친구를 괴롭히는 모습을 보고도 방관했던 자신에 대한 부끄러움이었다. 유아인은 영화 〈동주〉에서 동주 역을 하고 싶어 했다는데 감독이 선택한 배우는 강하늘이었다고 한다. 윤동주에 대한 프로그램에서 유아인이 자신이 느꼈던 부끄러움을 고백한 것은 우연이 아니다. 자신의 고백에 박수치는 방청객에게 유아인은 자신에게 박수 치지 말라고 했다 윤동주의 부끄러움에 비해 자신의 부끄러움이야말로 정말 부끄러웠기 때문은 아니었을까.

나도 두 번 크게 부끄러움을 느꼈던 경험이 있다. 하나는 학창시절에 있었던 일이고 다른 하나는 가르치는 사람으로서의 일이다.

고등학교 1학년 때 MRA(Moral Re-Armament, 도덕 재무장)라는 동아리에 가입해 활동했는데, 본부에서 선배 동아리 회장을 통해 시화전을 계획하면서 각 학교 회원들에게 작품을 제출하라고 했다. 요즘은 어떨지 모르지만 당시엔 시와 어울리는 그림을 그리고 시를 써서 전시하는 시화전이란 것이 있었다.

시를 좋아하지도 않았고 한 편도 써본 적이 없었던 나는 작은 언니가 쓴 시를 내가 쓴 것처럼 제출했다. 그림은 그리는 걸 좋아하고 소질도 있어서 그나마 그림은 스스로 그렸다. 그 시화가 당선이 되었고, 각 학교에서 당선된 작품들을 모아 '문학의 밤' 행사를 했다. 순서를 정해 황금찬 시인 앞에서 직접 낭송을 하는 행사였다. 그 일로 학교 선배들은 내게 동아리 부회장을 맡겼다. 생각지 못한 일들과 새로운 경험들, 존재감 없던 나를 드러낼 수 있었던 즐거움에 비해 상대적으로 거짓말을 했다는 불편함도 커졌다. 도덕재무장이라는 동아리 정신과는 반대되는 행동이라 더욱 그랬다. 그땐 부끄럽다기보다 남을 속였다는 불편함이라고 생각했다.

결국 선배, 동기, 본부에서 같이 활동했던 학생들에게 솔직히 이야기했다. 내게 잘못했다고 하는 사람은 없었고, 말을 하고 나니 홀가분해졌다.

영화 〈동주〉와 〈도올아인 오방간다〉 유아인의 이야기를 들으며 그렇게 학창시절의 한 기억으로 자리 잡은 나의 부끄러움이 생각났다.

시를 좋아하거나 시집을 사서 읽는 사람이 얼마나 될까. 나 역시 소설책은 사서 보았지만 시집을 샀던 적은 없다. 그래서인지 출판시장에서 시집은 출간하기 어렵다고 한다. 나와 같은 사람들이 많은 것이다. 나는 시를 좋아하기는커녕 오히려 싫어했다. 은유적인 표현들이 나에게는 애매함으로 다가왔다. "뭐라는 거야. 그냥 알아듣게 이야기하지⋯." 이런 거였다.

한국인이 좋아하는 시 중에 빠지지 않는 것이 윤동주의 시라고 한다. '죽는 날까지 하늘을 우러러 한 점 부끄럼이 없기를'로 시작하는 〈서시〉와 '별 하나의 추억과 별 하나의 사랑과' 시구가 떠오르는 〈별 헤는 밤〉은 교과서에 실렸기 때문에 많은 사람이 알고 있다. 학교에서 윤동주는 일제의 폭압 아래 고통 받는 조국의 현실을 가슴 아파하며 고민한 지식인으로 젊은 나이에 세상을 떠난 시인이라고 배웠다. 일제강점기의 지식인 중에 변절하지 않은 시인으로 높이 평가받기도 했다.

학교에서 '별을 노래한 시인'이라는 수식어가 붙은 윤동주의 시를 배우며 '일제강점기의 힘겨운 시절에 어떻게 저런 서정적인 시를 쓸 수가 있지?' 하는 생각이 들었다. 물론 국어 시간에 배우는 시 공부는 문학으로서 즐기고 감상하는 것이 아니었다. 수많은 표현법을 배우는 시간이었다. 은유법, 댓구법, 공감각적 표현 등등. 단어가 의미하는 바를 찾아내며 시를 조각조각 찢어대서 전체 시가 어떤 내용인지 느낄 수도 없었다.

〈동주〉에서 윤동주는 이렇게 말한다.

"시어는 하나하나 따져가며 읽는 것이 아닙니다."

심문하던 일본인이 시어에서 불온한 사상이 감지된다고 하는 말에 대한 대구인데, 내게는 이 말이 한국 학교의 시 교육을 꼬집는 것 같았고 내가 유독 시를 공부하는 시간이 싫었던 이유를 깨닫게 된 장면이었다.

2014년 여름, 중학교 2학년이던 아들이 좀 색다른 경험으로 방학을 보내면 어떨까 싶어 아들 친구들을 모아 프로그램을 진행했다. 그 프로그램 중 하나로 시를 암송하는 시간을 가지도록 하고 싶었다. 여름방학 과제이기도 하고 개학하면 수행평가로 윤동주의 시를 외워 발표해야 했기 때문이다. 2009월 8월 광복절 특집 '〈그것이 알고 싶다〉: 윤동주, 그 죽음의 미스터리 편'을 보며 윤동주의 삶에 대해 알려주고 그의 시를 읽어줬다. 그리고 윤동주의 시를 외워 부모님 앞에서 낭송해 보라고 했다. 워낙에 수행평가나 시에 관심이 없는 남학생들이라서 지필고사보다 30%를 차지하는 수행평가가 성적 올리기에 더 좋다며 동기부여까지 했다. 지나고 보니 이 역시 교육자로서 부끄러운 말이었다.

평소 시를 읽지도 시집을 사지도 않으면서 우리는 여전히 윤동주 시인 탄생 100주년, 3.1운동 100주년, 광복절기념식 등 특정한 날만 되면 시인을 상품으로 팔고 있다. 또한 부끄러운 일이다.

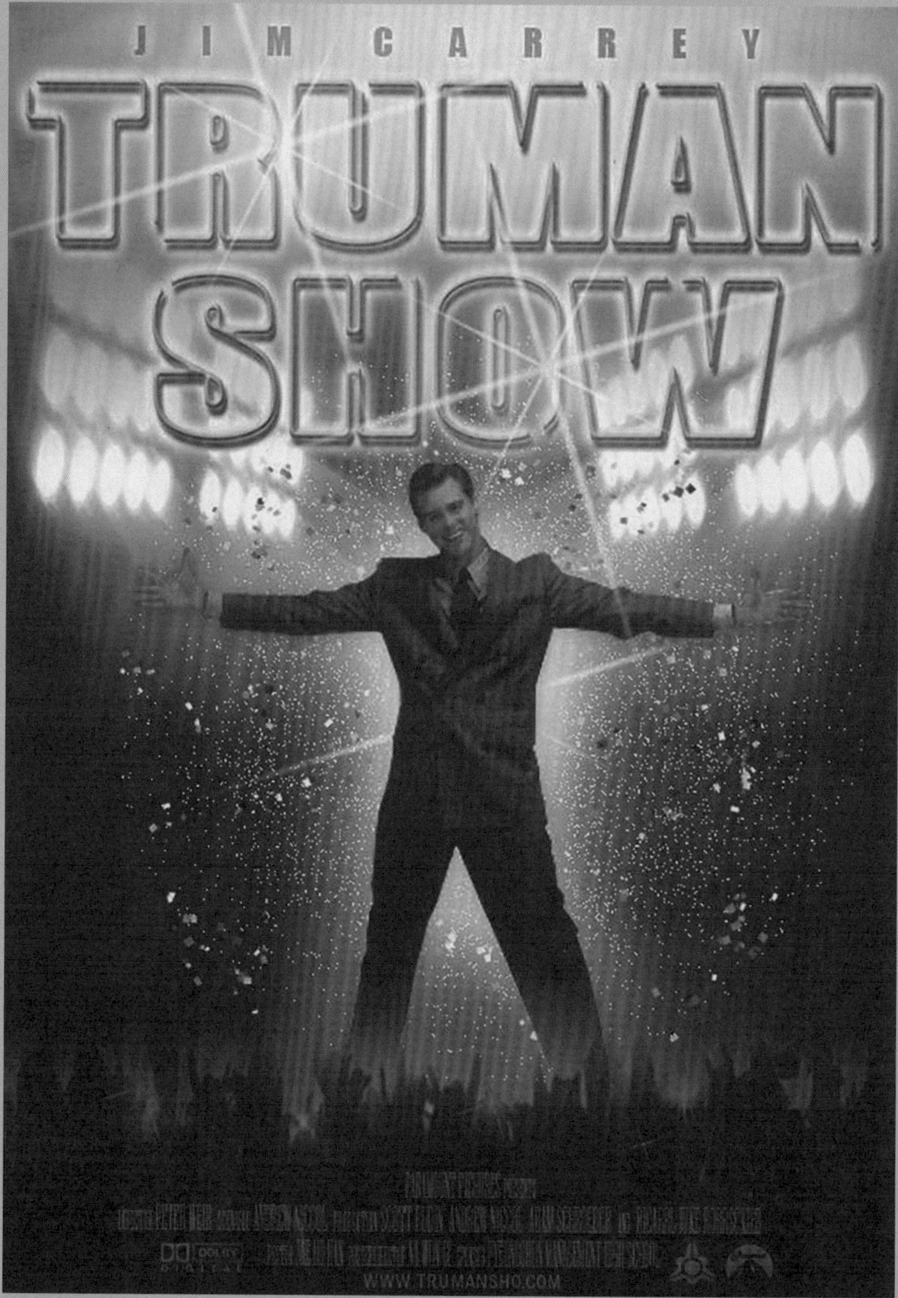
J I M C A R R E Y
TRUMAN
SHOW
WWW.TRUMANSHO.COM

트루먼 쇼

트루먼 쇼(The Truman Show, 1988)
감독 피터 위어
주연 짐 캐리, 로라 리니, 노아 엠머리히, 에드 해리스 외

장자의 나비의 꿈이 연상되는 영화 〈트루먼 쇼〉. 남들처럼 평범한 삶을 키워가던 30세 보험 회사원 트루먼 버뱅크. 어느 날 하늘에서 조명이 떨어지고 연이어 예견치 않은 사건들을 마주하게 된다. 자신의 일상 및 급기야 아내마저 의심하게 되는 상황. 진짜의 삶을 찾아 주인공은 여행을 떠나고 미지의 세계 문을 두드리는데……

코미디 장르이나 가볍지만은 않은 장면들에 한번쯤 자신을 돌아보게 만드는 영화이다.

진짜의 삶을
살고 싶나요?

현재 당신이 누리는 모든 환경이 만들어진 가짜 세상이라고 한다면 어
떠세요. 번듯한 직장이 있고 가정을 꾸려 평범한 하루를 살고 있었던 한
남자. 어느 날 일어나는 사건. 자신의 주변이 수상하게 여겨집니다. 첫눈
에 반한 여인과 키스를 나누던 중 모두가 너에 대해 알고 있다는 말도 듣
습니다. 무슨 일일까요.

그는 유아기 시절에 선발돼 가상 세트장 안에 살고 있는 TV〈트루먼
쇼〉의 주인공이었습니다. 만약 당신이 그런 사실을 알게 된다면 어떤 심
정일까요. 그럼에도 담당 PD는 연출된 안락한 환경에서 살아가기에 그는
행복할 거라고 합니다. 한 인간의 존재를 손에 쥐고 흔드는 신으로 착각
해서인지 오만하기까지 합니다. 자신의 잣대로 다른 사람의 삶을 주관할
수 있다는 위험한 생각, 이는 심리학계에서도 공공연하게 있어 왔던 사실
입니다.

대학교 심리학과 수업. 실험용 쥐를 가지고 시연하는 시간입니다. 배

를 굶은 쥐. 이리저리 돌아다니다 상자 안의 지렛대를 발로 밟습니다. 먹이가 나오네요. 인위적으로 구성된 장치(심리학 용어로 조작적 조건화)입니다. 우연한 발견이기에 대수롭지 않게 여기는 쥐. 그러다 다시 지렛대를 밟자 똑같은 상황이 일어납니다. 반복되자 쥐는 생각합니다. '어라. 내가 요렇게 하니까 먹이가 나오네.' 다음부터 쥐는 배가 고플 때 혹은 심심할 때마다 지렛대를 밟는 행위를 합니다. 자극이 주어져 반응이 일어나는 학습된 행위를 하는 것이죠. 심리학에서는 행동주의行動主義라 표방하며 왓슨으로부터 시작됩니다.

이 같은 이론은 대중들에게 적잖은 영향을 미쳤는데, 대표 인물이 하버드 대학교 심리학과 교수였던 스키너Skinner입니다. 그는 이런 이야기를 하였습니다.

"나에게 당신들의 아이를 달라. 그럼 당신들이 바라는 대로 아이의 미래를 만들어 주겠다."

부모가 원하는 인물상(과학자, 의사, 변호사 등)에 맞추어 조건적 환경을 조성해 주면 아이는 그렇게 될 수 있다는 것이죠. 즉 조작적 연출을 의미합니다.

영화 〈트루먼 쇼〉 PD의 역할이 그와 같습니다. 여러분들은 어떻게 생각하시나요. 이를 믿고 싶으신가요. 스키너의 이런 생각은 헨리 데이빗 소로의 『월든』에 감명 받아 출간한 『월든 투』의 저서에 다다릅니다. 인간에 대한 조작이 가능한 이상사회를 꿈꾸었었죠.

고등학교 시절. 빨간 바지를 입고 등교하는 동기생이 있었습니다. 멋을 내고 튀고 싶은 마음에서 그랬던 거죠. 담임선생님은 교칙에 위배되기에 당연히 불호령을 내립니다. 그럼에도 그의 행위는 계속해서 이어져 급기야 가위로 바지를 잘리는 사태가 벌어졌습니다. 왜 그랬을까요? 그의 아버지가 교직에 계셨기에 아마도 인성교육을 잘 받았을 텐데 말이죠.

부모의 뜻대로 안 되는 게 자식이라고 합니다. 자신의 뱃속으로 낳았지만 기대대로 크지 않네요. 누굴 닮았는지 모르겠어요. 이해가 안 될 때가 한두 번이 아닙니다. 어쩌면 이것이 인간의 속성이 아닐까 합니다. 〈트루먼 쇼〉와 심리학자 스키너가 간과한 점. 바로 인간의 자유의지입니다.

기독교에서는 하나님이 인간을 창조하였다고 하지요. 그럼에도 피조물에게 스스로의 길을 선택할 수 있는 자율성을 부여하였습니다. 신이 인간을 조정하는 것이 아닌 자신의 삶을 만들어갈 수 있는 창조권을 위임하였던 것이죠. 즉 내가 어떤 인간이 될 것인지. 어떻게 살아갈 것인지. 불투명한 미래지만 이를 주관하여 나아갈 수 있는 능력을 말입니다.

"난 누구죠? 전부 가짜였군요."
"자넨 진짜야."

〈트루먼 쇼〉의 주인공은 자신이 사육된 삶을 살았다는 진실을 대면하게 됩니다. 그는 주어진 허구의 세상을 탈출하는 진짜의 꿈을 세우기 시작합니다. 하지만 통제된 환경에서 그의 엑소더스Exodus는 번번이 실패하게 되죠. 마지막 그의 선택지는 놀랍게도 요트를 통한 항해. PD는 그의 도전이 실패할 것이라고 장담합니다. 그럴 수밖에 없는 것이 어릴 적 바다에서의 여행 중 아버지를 잃게끔 사건을 조작하였던 것이죠. 이에 주인공은 물에 대한 트라우마Trauma를 학습하게 됩니다. 그렇기에 그가 바다의 모험을 이어갈 수 없다는 것이죠. 전지전능한 신과 같은 힘을 가진 PD는 세찬 폭풍우를 일으킵니다. 자신이 만든 가짜 세상의 영속성을 위해. 그의 단념과 실패를 바라며.

그리스의 철학자 플라톤. 대화편인 「국가」에 '동굴의 비유' 사례가 있습니다. 동굴에 원시인들이 살고 있었고, 그들은 자신들이 본 그림자를 실재(reality)라고 알고 있었습니다. 물론 잘못된 사실이었죠. 그러다 한 명이 거짓인 그림자의 정체를 발견하고 이를 다른 이들에게 전하려 합니다. 진실을 알리려 했던 거죠. 동굴 사람들은 어떻게 했을까요. 그를 죽여 버립니다. 영화의 PD가 진짜의 세계가 드러남을 두려워했던 것처럼.

결말입니다. 그는 포기하지 않았습니다. 진짜의 삶을 살고 싶은 간절함과 사랑하는 여인에 대한 갈구가 그의 항해를 멈추지 않게 하였던 것이죠.

여기에 인간의 위대함이 있습니다. 스스로 연출자의 삶을 창출한 트루먼에서 본 것처럼.

"평온한 허구 VS 험난한 현실, 당신의 선택은?"

쇼쇼쇼

글을 시작하기 전에 먼저 간단한 말놀이를 한번 해보자. '쇼'가 들어가는 영화, 노래, 프로그램 등의 이름을 말해보기로. 자, 필자가 먼저 생각나는 대로 적어보겠다.

서커스단의 애환을 그린 꽤 오래된 영화 〈지상 최대의 쇼〉(1955년)가 제일 먼저 떠오른다. 이어 뮤지컬을 영화한 한 컬트무비 〈록키 호러 픽쳐쇼〉(1975년)도 빼놓을 수 없다. '울버린'으로 유명한 휴 잭맨이 열연한 영화 〈위대한 쇼맨〉(2017년)에도 역시 '쇼'가 들어간다. 노래로 넘어가면 90년대 활동했던 인기가수 김원준의 〈쇼〉가 있다. 방송으로는 가요 순위 프로그램인 〈쇼! 음악중심〉과 2012년부터 시작된 대표적 힙합 오디션 프로그램인 〈쇼 미 더 머니〉에도 역시나 '쇼'란 단어가 사용되고 있다. 필자가 지금 적은 것 외에 여러 다른 영화나 노래, 프로그램을 제시하는 독자가 있다면, 엄지를 척 내밀어 주고 싶다.

사전적 정의에 의하면 쇼란 '춤과 노래 따위를 엮어 무대에 올리는 오락(물)'을 말하는데, 더 넓게 정의하자면 '누군가에게 보여주고자 하는 모든 행위나 프로그램 등'을 쇼라 할 수 있다. 이때 중요한 것은 쇼에는 반드시 '타인의 관심을 끌어'야 하고, 그래서 많은 사람들이 쇼를 관람할 수 있을 때 비로소 '성황리에 마감되었다, 혹은 성공했다.' 라고 이야기할 수 있는 것이다.

여기서 성공했다는 개념은 예상했던 인원 혹은 그 이상으로 많은 사람들의 관심을 끌어 시청이나 관람을 하도록 만들었다는 것이고, 이를 통해 혹은 추가적인 광고 수익을 통해 충분한 경제적 결과를 얻었다는 의미라 할 것이다. 즉 쇼라는 것에는 거의 대부분 경제 논리가 포함되어 있고, 그 결과에 따라 성공과 실패를 나눌 수 있다.

트루먼 쇼는 PPL 종합세트

지금부터 우리가 이야기 나눌 영화 〈트루먼 쇼〉에도 역시 쇼라는 단어가 쓰이고 있는데, 트루먼이란 사람을 주인공으로 하는 쇼라는 것을 의미하는 제목이라 할 수 있겠다. 그리고 이 쇼 역시 경제적 논리가 포함된 것임을 영화 전반에 걸쳐 확인할 수 있다. 한번 살펴보자.

일단 트루먼 쇼의 PD로 등장하는 크리스토프(에드 해리스 분)에 의하면 이 쇼는 무려 220개국의 17억 인구가 시청하고 있으며, 5,000대의 카메라가 동원되었다고 한다. 게다가 방영된 지 무려 1만 일을 넘겼는데, 이를 햇수로 환산하면 무려 30년이 넘는 대단한 기간이라 할 수 있다.

예능 프로그램의 광고를 통해 돈을 버는 방법은 크게 2가지가 있다. 하나는 방송 전후 혹은 중간에 광고를 내보냄으로써 얻을 수 있는 직접적 광고 수익이 있고, 다른 하나는 방송 중간 중간 자연스럽게 삽입함으로써 시청자들이 광고인지 아닌지 모를 정도로 스리슬쩍(혹은 대놓고) 진행하는 간접적 광고 수익이 있다. 후자의 경우를 우린 PPL(Product PLacement, 간접광고)이라 부르는데, 영화 〈트루먼 쇼〉에는 이 PPL이 상당히 광범위하게 쓰여지고 있다.

광고 없이 24시간 방영되는 프로그램인 만큼 등장하는 모든 상품(옷, 음식, 가정용품 등)이 PPL로 나올 뿐 아니라 소개되는 모든 제품은 '트루먼 카탈로그'에서 언제든 구입이 가능하다. 마치 홈쇼핑 품목 리스트와 같은데, 한마디로 트루먼 쇼는 PPL의 종합세트라 부를 수 있을 것이다.

재미삼아 영화 중 어디에 PPL이 등장하는지 찾아보자.

우리의 주인공 트루먼은 종종 잔디 깎는 기계로 앞마당의 잔디 정리를 하는데, 아내는 트루먼에게 지금 쓰고 있는 모델은 구형이며 새로운 모델(엘크 로터리)의 성능이 훨씬 좋다고 강조한다. 그 후 아니나 다를까 신형 모델을 사용하는 트루먼이 등장한다. 친절하게도 로고까지 아주 자세히 보여주고 있다. 또한 트루먼이 출근할 때마다 마주치는 쌍둥이 할아버지들이 있다. 이들은 트루먼이 내심 노리고 있는 보험의 잠재고객이다. 이들과 대화할 때마다 쌍둥이 할아버지들은 트루먼이 서있는 뒤쪽 벽면의 광고(카이저 치킨 또는 칼튼 – 좋은 연립주택)를 잘 보이도록 하기 위해 온갖 노력을 다 한다. 그리고 트루먼의 절친인 말론은 등장할 때마다 꼭 맥주를 손에 들고 있는데, 맥주 맛이 정말 좋다며 매번 트루먼에게 마셔볼 것을 종용한다.

PPL의 백미는 바로 이 장면이라 할 수 있을 것이다. 영화 후반부 트루먼은 자신의 모든 주변 환경을 의심하며 아내와 다투게 된다. 하지만 아내는 이 회차에 PPL을 내보내도록 미리 각본이 짜여 있었고, 싸우는 와중에도 아래와 같은 대사를 친다.

- 아내 : "모코코아 한잔 타 드려요? 니카라과 산 상부에서 재배한 천연 코코아 씨로 만들었고 인공 감미료도 안 넣었어요."
- 트루먼 : "무슨 헛소리야? 누구한테 하는 소리지?"
- 아내 : "다른 코코아도 먹어봤지만 이게 최고에요, 모코코아."

기가 막히지 않은가? 감정이 극을 달리는 순간에 코코아 이야기라니! 이 말을 듣고 더 화가 난 트루먼이 당신도 한 패 아니냐며 다그치자 아내는 저항한다. 그리고 위기의 순간 트루먼의 친구 말론이 등장하자 아내는 그의 품에 안기며 이렇게 절규한다.

"이런 상태에서 나더러 뭘 어쩌란 말예요? 일이고 뭐고 못해먹겠어."

영화의 엔딩 장면에서 트루먼은 진실을 알아채고 이 가짜 세상에서 탈출하게 된다. 그런 그에게 PD인 크리스토프는 자신이 트루먼에게 특별한 삶을 살게 해 준 장본인이며, 역겨운 진짜 세상에서 사는 것보다 오히려 이곳(씨 헤이븐)에서 지내는 것이 트루먼 자신의 삶에도 훨씬 도움이 될 것이라 강조한다. 하지만 트루먼은 미지의 진실을 향해 나서게 되며 영화는 막을 내리게 된다.

마지막 장면만 보면 멋진 엔딩일 수 있다. 하지만 경제적 관점으로 영화를 보는 필자의 시각에서는 뭔가 모를 껄쩍지근한 응어리가 남는 게 사실이다. 과연 트루먼이 '우리가 사는 진실의 세계로 들어와 적응을 잘 할 수 있을까?'란 질문부터 시작해 '자신의 본 모습을 찾아 스스로의 인생을 제대로 만들어가며 살 수 있을'지, 그리고 마지막으로 '이 힘든 진짜 세상에서 홀홀단신으로 경제적 독립을 이뤄낼 수 있을'지 등등.

누구나 알다시피 현실의 삶은 허구의 세상보다 훨씬 더 퍽퍽하고 만만치 않기 때문이다. 하지만 뭐 어쩌겠는가. 영화는 끝났고, 그저 트루먼이 이 현실 세상에서 잘 살아가기만을 바랄 수밖에.

트루먼 씨, 건투를 빕니다!

관음 사회,
나를 드러내는 걸 즐기는 사회

"난 누구죠? 전부 가짜였군요."

"자넨 진짜야."

영화 〈트루먼 쇼〉에서 연출가에게 트루먼이 묻고 대답하는 말이다. 모든 것이 만들어진 것이고 자신도 가짜라는 걸 깨닫고 물었지만 창조주인 연출가는 '쇼'가 계속되어야 하기에 그렇게 대답한 것인지, 자신에겐 실존하는 인물이니 진짜라고 했는지 알 수 없으나 '진짜'라고 대답한다.

현대인은 관음증을 앓고 있다. 끊임없이 남의 삶을 엿보고 내 삶도 보여주고, 보여주고 싶어 한다. 내가 갔던 장소, 먹은 음식의 사진과 글을 각종 SNS에 올린다. 심지어 검색하기 좋도록 해시태그(#)를 붙이면서.

관찰카메라를 설치하고 남녀의 행동을 지켜보며 누가 누구와 연결되는지 지켜보는 TV 리얼리티 프로그램도 있다. 국내뿐만 아니라 해외에도 있는 걸 보면 인간의 본능인가 싶기도 하다.

〈트루먼 쇼〉가 실제로 방송하는 리얼리티 프로그램이라면 가장 큰 규모일 것이다. 섬이라는 설정과 함께 바다까지 꾸미고, 가짜 달에서 카메라로 관찰을 한다. 방송 기간도 태어나면서부터 성인이 되기까지 24시간 내내 몇 십 년을 방송하고 있다.

"모두 너를 알고 있어."라고 한 실비아의 대사는 트루먼에게만 해당할까? 우린 매체만 다를 뿐 24시간 내내 SNS를 통해 타인의 삶을 엿보고 있다. 자주 만나지 않더라도 SNS 친구라면 근황을 알 수 있다. 만나서 어떻게 지내는지 물어볼 필요가 없다. 오히려 "너 얼마 전에 누구 만났더라." 내지는 "갔던 거기 어땠어?" 하게 된다. 내 친구가 '좋아요'를 누른 내용이나 공유한 내용까지 알게 된다.

내가 보여주는 모습은 그럼 모두 진짜일까? 강사인 나는 강의했던 모습을 사진으로 찍어달라고 부탁을 하거나 직접 찍는다. 그리고 강의 후기를 블로그에 올린다. 기관 담당자는 강의 후기를 보고 또 강의 요청을 한다.

영화 대사 중에 "다 광고죠."라는 내용이 있다. 억지스러운 대사로 광고하는 모습은 요즘 드라마의 간접광고(PPL)와 흡사하다. 제품만을 파는 것이 아니다. 나처럼 무형의 콘텐츠를 팔기도 한다. 광고하기 위해선 드러내야 한다.

그럼 진짜와 가짜는 무엇으로 판단할까? 연출되고 의도된 것은 가짜일까? 광고는 의도된 것이고 제품이건 콘텐츠건 만들어내는 것이니 가짜라고 한다면 진짜는 남에게 보이지 않고 돈을 목적으로 하지 않는 것이어야 하는 걸까? 트루먼은 속고 있었기에 가짜 삶을 살았던 걸까?

자신이 원하는 삶을 사는 사람이 진짜 삶을 사는 것이라면 그런 사람은 또 얼마나 될까 싶다. 많은 사람이 자신이 원하는 삶이 무엇인지 모르고 산다. 심지어 타인이 원하는 삶을 살기도 한다. 부모가 원하는 삶, 배우자가 원하는 삶. 나아가 사회가, 미디어가, 자본이 개인의 욕망을 자극하며 그런 삶을 살고 싶게 만든다. 비싼 차, 비싼 집, 멋진 물건들, 맛있는 음식, 멋진 여행지를 끊임없이 보여주며 '이게 네가 원하는 삶이야'라고 욕망하게 한다.

그런 삶을 사는 나의 모습을 친구뿐만 아니라 나를 모르는 사람까지 보게 하는 행위를 실제로 우리는 매일매일 하고 있다. 멋진 풍경, 맛있는 음식 앞에서 경쟁하듯 사진을 찍는 모습들.

한국 사람들의 뇌는 외국 사람들의 뇌와 다르다고 한다. 다른 사람들의 시선에 민감하게 반응하고 남과 비교하는 부분이 발달되어 있다. 이는 오랜 군부독재로 남들과 다른 것은 허용되지 않았고 유교의 영향으로 체면을 중시하다 보니 나보다는 남들의 시선과 반응에 예민할 수밖에 없었던 결과는 아닐까?

어디가 맛집이라고 하면 한 번 가서 먹어보고 인증샷도 올리며 그 대열에 동참해야 유행에 뒤지지 않는 사람으로 보인다. 서로를 들여다보며 비교하고 나를 노출하며 서로의 관음증을 채워주고 있는 우리는 진짜일까?

와일드Wild

와일드(Wild, 2015)

감독 장 마크 발레

주연 리즈 위더스푼(셰릴 스트레이드 역), 로라 던(바비 역)

 삶에 대한 유일한 희망이었던 엄마마저 갑작스럽게 암으로 돌아가시고 이 세
상에 홀로 남겨진 셰릴. 그녀는 이혼과 마약 등 방황에 방황을 거듭하다 우연
히 눈에 띈 수 천 킬로미터의 삶과 죽음을 넘나드는 극한의 공간인 PCT(Pacific
Crest Trail)를 걷기로 결심한다. 그 길의 끝에는 무엇이 기다리고 있을까? 그리
고 그녀는 이 도전을 통해 삶에 어떤 변화를 맞이하게 될까?

내 것인
인생을 찾아

크고 무거운 배낭이 너무나 무모해 보이는군요. 그럼에도 짊어집니다. 누구의 시선도 없으며 어떤 미래가 펼쳐질지도 모릅니다. 단지 스스로의 의지력으로 나아갑니다. 뜨거운 태양, 독사, 혼자만의 고뇌, 사막, 미지의 두려움에도 걸음은 앞을 향합니다.

술주정뱅이에 폭력을 휘두르는 아버지. 그 가운데 삶의 전부라 여겼던 어머니가 시한부 판정을 받고 세상을 떠났습니다. 마음 둘 곳 없는 셰릴 스트레이드(실제 인물). 방황이 시작됩니다. 마약에 손을 대고 여러 남자와의 육체적 일탈. 결국 남편과의 이혼까지 치닫고 마네요.

살다보면 이처럼 바닥을 칠 때가 있습니다. 도무지 앞이 보이지 않는 현실. 그녀가 처한 상황입니다. 그러다 우연히 마주치게 된 트레킹 코스 안내문구. 가슴이 떨립니다. 그런 순간이 있죠. 스쳐지나가는 만남이 필연으로 이어지는 것처럼. 다만 그런 시기가 행동으로 옮겨지는 경우에는 까닭이 있습니다. 현재의 환경에서 벗어나기 위해, 이렇게 살면 안 되겠기에, 지금의 삶을 끝내기 위한 몸부림 등.

로고 테라피(의미치료) 창시자 빅터 프랭클은『죽음의 수용소에서』에서 이야기합니다.

"왜 살아야 하는지 아는 사람은 그 어떤 상황도 견딜 수 있다."

그녀는 절망적인 처지에서도 비관적 결말이 아닌 희망의 나아감을 선택했습니다. 물론 그 길이 그토록 어려운 줄은 생각을 못했겠죠. 덕분에 발을 디뎠을 때 다시 돌아갈까, 포기할까 생각이 꼬리를 뭅니다. 그럼에도 그녀가 끝내 멈출 수 없었던 까닭은 자신을 믿고 응원해 주던 어머니의 메시지 덕분이었습니다.

"네 최고의 모습을 찾으라."

PCT(pacific crest trali). 그녀가 걷는 길입니다. 4,285km. 제주도 올레길이 425km, 산티아고 순례길이 800km니 어마어마한 코스죠. 그러기에 어떤 이는 이처럼 걷는 사람을 다른 시각으로 바라보기도 합니다.

"대부분은 개인적인 상처로 자신의 삶에서 튕겨 나와서 부랑자가 되는데 그런 경우에요?"

어느 기자의 질문에 그녀의 답변은 의외입니다.

"이게 내 삶이에요. 잠깐 쉬는 것뿐이지."

이는 현재 자신을 바라보는 그녀 스스로의 방향과 태도를 나타냅니다. 퇴보가 아닙니다. 패배자도 아닙니다. 다만 인생에서 잠시의 숨 고름을 할 뿐.

그때 나의 겨울도 그러하였습니다.

약 이십 년 몸을 담았던 회사를 나온 후 제주도로 향했습니다. 낙오자라는 인식. 영화에서의 그녀처럼 무엇이든 시도하지 않으면 불안하였습니다. 그곳은 관광지가 아니었습니다. 살벌한 현실의 장소였죠. 1월의 겨울, 정말 추웠습니다. 몸도 마음도. 기름보일러를 틀어도 간이건물은 우풍이 심해 방안에 텐트를 치고 그 안에서 쪽잠을 청했습니다. 하지만 잠이 오지 않았어요. 내가 지금 무얼하는 걸까. 내가 왜 여기 있는 걸까.

물이 나오질 않았습니다. 이런. 매서운 칼바람에 수도관이 얼었습니다. 따뜻하다고 하는 제주도에서 이런 일이. 허허~ 그런데… 바스락. 밤새 나는 이 소리는 또 뭐지. 머리카락이 쭈뼛. 텐트 지퍼를 내리고 형광등 스위치를 켰습니다. 후다닥. 도망을 갑니다. 탁자를 보니 놓아두었던 사과가 씹혀 반쯤 떨어져 있었습니다. 이빨 자국. 쥐였습니다.

어린 시절. 집 천장에는 밤마다 쥐들이 뛰어다니며 운동회를 열었습니다. 어느 날 새벽. 화장실이 급해 눈을 뜨니 반짝하며 쳐다보는 무언가가 있었습니다. 쥐였죠. 녀석과 눈이 마주친 순간 소름이 돋아 이불을 다시 뒤집어썼습니다. 이후 결심을 하였습니다. 어른이 되면 쥐가 없는 아파트에서 살리라.

쥐 잡는 용품 구입. 라면박스 위에 미끼인 사과 한 알을 놓고 주변에 끈끈이를 잔뜩 뿌려놓았습니다. 새벽 무렵 다시 소리가 납니다. 불을 켜니 눈앞에 드러난 전경. 두 마리의 쥐가 접착제에 붙어 허우적거립니다. 먹이를 구하러 왔다가 봉변을 당한 입장. 지켜보았습니다. 한참이나. 벗어나기 위해 털이 뽑히면서도 발버둥치는 녀석들. 그 속에 내가 보였습니다. 살기 위해 악다구니를 하는. 영화 속의 그녀도 그러하였습니다. 내가 왜 이 힘든 길을 걷고 있는지 하루에도 몇 십번이나 자문하였지.

녀석들을 죽였습니다. 내가 살아야 했기에. 버텨야 하기에.

봄을 기다렸습니다. 그렇게.

B. F. 스키너Skinner는『자유와 존엄을 넘어서』에서 진정한 의미의 자유의지란 인간에게 존재하지 않는다고 주장합니다. 이는 심리학계에서도 해묵은 논쟁거리이지만 여러분은 어떻게 생각하시나요?

자신의 의지로 시작한 끝나지 않을 것 같았던 여정. 그녀는 결국 목표점에 다다르고야 맙니다. 무엇을 얻었을까요. 이후의 삶은 어떠하였을까요.

그녀는 고백합니다.

이제 진정으로 내 것인 인생을 자각하게 되었다고.

경제편

때로는 경제에 대한 고민을 던져버려야 할 때도 있다

감정에 좌우되는 행동경제학

보기에도 무거워 보이는 배낭을 맨 채 한 여자가 혼자 묵묵히 산길을 걸어가고 있다. 비지땀을 흘리고 가쁜 숨을 내쉬며, 때로는 발톱까지 빠지는 엄청난 고통까지 감수해가며. 하지만 그럼에도 그녀의 발걸음은 멈추지 않는다. 그녀는 대체 왜 이런 짓(?)을 하고 있는 걸까?

그녀가 걷고 있는 이 길은 무려 4,285km나 되는 엄청난 길이를 자랑하는 퍼시픽 크레스트 트레일(PCT, 태평양 종주길)이다. 미국 서부를 남쪽인 멕시코부터 시작해 북쪽의 캐나다까지 연결하는 도보 여행길이다. 연간 수천 명의 사람들이 도전하고, 또 예기치 않게 발생하는 수많은 문제로 인해 아쉬움을 안은 채 완주를 포기하는 길이기도 하다.

그녀의 이름은 셰릴 스트레이드. 평생을 의지해 살아오던 엄마의 갑작스러운 죽음 이후 자신의 삶 또한 망가질 대로 망가지고 말았다. 살아야 할 이유조차 잃어버린 채 방황하던 그녀에게 다가온 것이 바로 PCT였다. 그냥 끌림이었다. 어쩌면 도피였을 수도 있고, 자신에게 주는 제대로 된 삶을 향한 마지막 기회였을 수도 있었다. 그녀는 그렇게 운명의 한걸음을 내딛기로 결정한다.

행동경제학이라고 하는 경제학의 한 분야가 있다. 경제학이란 '최소한의 자원으로 최대한의 성과를 끌어내기 위한 학문'이다. 소위 인풋 대비 아웃풋이 매우 중요시 되는 학문이라 할 수 있다. 단 경제학에는 한 가지 전제 사항이 있는데, 인간은 매우 합리적이며 이성적인 선택을 하는 존재라는 것이다. 즉 쓸데없는 감정을 배제한 채 수학적으로 가장 좋은 결과를 끌어낼 수 있는 선택을 할 수 있는 존재라는 거다. 그렇기 때문에 인간을 호모 사피엔스와 부르기도 하지만, 경제적으로는 호모 이코노미쿠스(경제적 인간)라는 칭호를 붙이는 것이다.

하지만 안타깝게도 실제 현실에서는 그렇지 않은 경우가 대부분이다. 이성적 판단을 하기 보다는 오히려 갑작스런 감정에 휘말리면서 잘못된 선택을 하는 경우가 의외로 많다는 것이다. 그래서 경제학의 이런 문제점을 개선하기 위해 등장한 학문이 바로 행동경제학(기존 경제학을 이와 구분하기 위해 고전경제학 또는 주류 경제학이라 표현하기도 한다)이다.

예를 한번 들어보자. 우연히 돌린 채널에서 홈쇼핑 방송이 나온다. 새로운 운동기구를 팔고 있다. 평상시 운동에 관심은 있지만, 가격도 비싸고 그다시 꼭 필요한 제품은 아닌 것 같다. 하지만 웬걸! 보다보니 조금씩 마음이 끌리고 있다. 게다가 1+1에 다른 제품까지 끼워 준다니 더욱 마음이 동하고 있다. 마지막 결정타, 마감임박! 자신도 모르게 급하게 구매 버튼을 누르고 있는 나를 발견하게 된다. 그리고 며칠 뒤 집으로 배달되어

온 대형 박스. 휴~ 후회는 더욱 커진다. 대체 왜 그랬던 걸까? '냉정'을 빼면 시체라고 소문까지 자자한 내가 말이다.

이처럼 우리는 스스로를 이성적 존재라 생각하고, 더불어 호모 이코노미쿠스로서 경제적으로 합리적 선택을 내린다고 믿고 있다. 하지만 많은 경우 이성보다는 감정이 앞서게 됨으로써 나중에 자신의 결정에 대해 후회하는 상황을 맞게 된다. 이에 대해 심리학자 조너던 라이트는 '감정이 머리이고, 합리성은 꼬리에 불과하다'며 일갈하고 있다.

멈추니 비로소 보이는 삶의 길

셰릴은 94일간 총 1,770km를 걷는다. 무려 6개나 되는 발톱을 희생하며. 경제적으로 이러한 행동은 그녀에게 아무런 성과를 가져다 주지 못한다. 아니 성과는커녕 오히려 그나마 가지고 있던 돈까지 다 써버리게 되니 경제적으로는 최악의 선택을 한 것이라 할 수 있을 것이다. 그래서 여행의 막바지에는 이런 걱정까지 하게 된다.

"300마일(약 483km) 정도 남았어. 제발 끝났으면 좋겠어. 하지만 두렵기도 해. 그게 끝나면…. 내 이름 앞으로 200원 밖에 남지 않거든. 그래도 계속 살아야겠지. 하지만 아직 전혀 준비되지 않았어."

하지만 행동경제학적으로 보게 되면 그녀의 선택은 충분히 이해될 수 있다. 감정적으로 크게 흔들리는 상황에서 그녀에게 필요한 것은 눈에 보이는 가시적인 성과가 아닌, 생각을 정리할 수 있는 시간이었기 때문이었다. 즉 지금까지의 삶을 되돌아보고 다시 힘을 내 새로운 삶에 도전하기 위한 스스로에 대한 격려와 위로, 그리고 믿음을 회복하는 시간이 더 필요했던 것이다. 당장의 경제적 성과가 아닌, 터닝 포인트를 만들기 위한 일시적 멈춤이 그녀에게 더 중요했던 거라 할 수 있다.

프랑스의 소설가 폴 부르제는 1914년『정오의 악마(Le Demon de mid)』라는 책에서 '생각대로 살지 않으면 사는 대로 생각하게 된다'고 말한다. 이는 삶의 기준점이 누구에게 있느냐를 강조하는 문장이라 할 수 있다. 즉 온전히 내가 원하는 길을 갈 것인지, 아니면 타의에 의해 정해진 길을 갈 것인지를 결정해야 한다는 것이다. 누구나 알고 있듯 사실 쉬운 선택은 후자 쪽이다. 혼자 무언가를 오롯이 결정한다는 것은 지극히 어려운 일이기 때문이다.

셰릴은 엄마의 죽음 이후 자신의 의지와 생각대로 살 수 없었다. 세상의 거친 파도 속에 갇힌 채 이리저리 휘둘림을 당하며 지내왔기 때문이다. 하지만 그녀의 비이성적 자아는 더 이상 이런 쓰레기와도 같은 삶을 멈추라고 요구한다. 그리고 마침내 자신의 길을 찾아보기로 결심하게 되고, 우연한 끌림에 의해 PCT의 길로 들어서게 되며 비로소 본인의 생각을 시작하게 된다. 하지만 그럼에도 처음엔 혼란스럽기만 한데, 어느 것이 자신의 생각이고, 또 어느 것이 타인의 생각인지 구분이 쉽지 않았기 때문이다. 그러나 그녀는 점차 자신만의 생각과 색깔을 찾기 시작한다. PCT의 끝없는 길을 걸으며, 비로소 자신의 삶에 대한 방향을 찾아가기 시작한 것이다.

그녀는 94일로 여행을 마무리한 후 다시 세상으로 돌아오게 된다. 이후 자신의 이야기를 다큐멘터리로 제작한 PD와 만나 결혼까지 하게 되고,

더불어 여행에 대한 이야기를 책으로 출간하게 됨으로써 그녀는 비로소 자신의 생각대로 인생을 살아가게 된다. 아마도 이렇게 된 배경에는 그녀에게 남긴 엄마의 한마디가 큰 영향을 미치지 않았을까 싶다.

"언제나 일출과 일몰이 있단다. 그리고 넌 그곳에 있을 건지 선택할 수 있어. 넌 네 자신을 아름답게 해 주는 길을 걸어갈 수 있어."

삶의
방향을 잃었을 때

"내 과거의 행동들이 날 여기로 이끈 거라면?"

영화 끝부분에 독백처럼 말하는 대사다. 영화 〈와일드〉는 가정폭력을 일삼는 아빠와 이혼 후 뒤늦게 자신을 길을 가던 엄마의 갑작스런 죽음으로 길을 잃어버린 딸이 PCT(Pacific Crest Trail)를 걷는 과정을 그린 영화다. 실존 인물의 이야기라 더욱 힘이 있다. 로드무비라 할 수 있는 영화인데 로드무비엔 항상 인생과 자기 내면에 대한 깊은 탐구가 포함되어 있다.

대부분의 사람은 자신의 삶을 자신이 운영하고 있다고 생각하지만 "한 번도 내 운전석에 앉아본 적이 없어." 라고 말하는 엄마처럼 자신이 주인공이 아닌 채로 살거나, PCT를 걷는 중간에 만난 먹을 것과 잠잘 곳을 제공했던 아저씨가 "내 인생의 분기점 같은 것은 없었거든요."라고 했던 것처럼 그냥 주어진 삶을 살아가는 평범한 일상의 연속이다.

PCT(Pacific Crest Trail)는 멕시코 국경에서 캐나다 국경에 이르는 4,200km의 트레킹 코스다. 서울에서 부산까지 왕복 10번은 해야 하는 거리이고

3~6개월의 기간이 소요되며 참여자 중 절반 정도만 성공한다고 한다. 『나는 걷는다』의 베르나르 올리비에는 실크로드를 걸었다. 단순히 걷는 것이 아니라 인간의 한계에 부딪히며 걷는다. 인간은 한계에 도전하길 멈추지 않는다. 그 과정은 결코 즐겁기만 한 것도 아닌데도 불구하고 말이다. 그런데 그 도전에 성공하면서 얻는 성취감은 어떤 성취감보다 크고 강력하다. 아마 그 과정이 험난했기에 더 강력하다.

베르나르 올리비에도 셰릴 스트레이드도 사랑하는 사람을 잃고 삶의 방향을 잃었을 때 길을 떠났다. 베르나르 올리비에는 아내를, 셰릴 스크레이드는 엄마였다. 그 순간이 삶의 분기점이 되었다. 그래서 인생의 분기점이 없었다는 건 평탄한 인생을 살았다는 것도 된다.

나는 두 사람처럼 먼 길을 오래 걷지는 않았지만 제주도를 비행청소년과 8박 9일 걸었다. 배낭을 지고 걸었다. 잠자리는 게스트하우스에서 묵고 중간에 대중교통을 이용하기도 했지만 무거운 배낭을 메고 하루 종일 걷는 건 쉽지 않았다. 천종호 판사가 진행하는 '2인3각'이라는 프로그램인데, 학교폭력 상담을 하며 만난 청소년들을 생각하며 멘토로 지원했다. 혼자 걷기와는 다르지만 생판 모르는 남과 걸으며, 힘들다고 걷지 못하겠다고 투정하는 아이를 달래가며 걷는 건 또 다른 나와의 갈등이었다.

영화에서 주인공은 사랑하는 엄마의 죽음 이후 엉망으로 살았다. 자신을 돌보지도 않고 마약과 무분별한 섹스까지. 누구의 아이인지도 모르는 아이를 임신하고…. PCT를 걸으며 발톱이 빠지고 온몸에 물집이 생기는 육체적인 고통과 길에서 만난 남자들에게 느낀 위협과 공포를 겪었다. 중간 중간 자신의 과거를 회상하는 장면도 나오는데, 끝에 나오는 독백인 "내 과거의 행동들이 나를 여기로 이끈 거라면?"은 인정하고 싶지 않았지만 현재는 무수히 많은 과거가 모여서 만들어진 것이고 그것은 누구 때문도, 어떤 상황 때문도 아닌 자신이 만든 것이다. 엄마의 죽음은 엄마도 본인도 어떻게 할 수 없는 불가항력적인 것인데 그것에 붙들려서 자신이 망가지는 것을 내버려 뒀다.

우리는 무언가 원하는 대로 되지 않으면 남 탓, 환경 탓을 하고 싶어진다. 그도 아니면 어쩔 수 없이 이렇게 되었다고 자기 합리화를 한다. 과연 그럴까? 사람마다 다를 거다. 어떤 사람은 계속 탓만 하면서 혹은 자기 합리화를 하면서 시간을 보낼 수도 있고, 어떤 사람은 그럼에도 자신의 길을 걸어간다. 사람은 살아가다 길을 잃을 수 있다. 어떻게 해야 할지 모르겠는 상황도 생길 수 있다. 그럴 때 당장 무엇을 할 것이 아니라 잠시 멈춰 보는 건 어떨까? 아무것도 하지 않은 채로 멈춰서 나만의 방법을 찾아보면 좋겠다. 누군 걷기가 될 수도 있을 것이고 누군 스승을 찾을 수도 있고, 누군 종교에 의지할 수도 있다.

많은 자기계발서는 '계속 무언가를 하라'고 한다. 오히려 더 많은 것을 하라고. 한때는 승자와 패자라고 구분 지어서 이러면 패자다 그러니 계속 '이렇게' 하라고 했다.

산업사회 이래로 게으름은 악이었다. 이젠 게으름을 즐기며 생활의 에너지를 충전하는 시간이 필요한 시대가 되었다. 아무것도 하지 않고 멍 때리는 시간이 현대인에게 필수다. 시청 앞 광장에서 멍 때리기 대회도

열리는 시대다.

오늘은 어떤 멍을 해볼까.

추운 겨울이면 불멍을, 더위가 기승일 땐 손 하나 까닥하지 않고 늘어져 있는 것도 좋겠다.

PART 2

가족,
가깝고도 먼

평균 연령 47세
나이 값 못하는
가족이 온다!
E FLA
고령화가족
5월 9일 대개봉!
박해일•윤제문•공효진•윤여정•진지희 감독 송해성
http://oh-iam2013.interest.me

고령화 가족

고령화 가족(Boomerang Family, 2013)
감독 송해성
주연 윤여정(엄마 역), 박해일(인모 역), 윤제문(한모 역), 공효진(미연 역)

평균 연령 47세 고령화 가족, 성인이 된 형제 셋이 피치 못할 이유로 엄마와 동거를 시작한다. 막장 가족에서 빼놓을 수 없는 출생의 비밀까지 간직한, 엄마까지도 비밀을 간직한 그들의 한집살이가 순조로울 수 없다. 어려울 땐 뭉치는 것이 가족이라는 엄마. 하지만 가족은 가까우면서도 멀다. 지금 우리 가족은 안녕하신가요?

엄마
그리고 가족

여기 한 남자가 있습니다. 무슨 일이 있었던 걸까요. 목을 매어 자살을 시도합니다. 울리는 핸드폰 벨소리. 받을까 말까. 인생은 그런가 봅니다. 갈림길에서 사람의 결정을 가늠하는. 엄마네요. 밥은 잘 먹느냐는 안부에 이어지는 대사.

"인모야, 이따 집에 좀 와."

"닭죽 끓여놨으니까 와서 먹고 가."

서두의 이 장면. 당사자의 가슴을 끓게 하고 영화의 흐름을 이어가게 합니다. 절체절명의 순간. 엄마가 권하는 닭죽이라는 매개체가 남자의 운명을 돌리게 하는 아이러니. 집, 먹는다는 것, 엄마라는 대상. 영화가 전하는 가족의 중요한 인자입니다.

겨울의 계절. 어린 시절 한방에 네 식구가 모여 살았습니다. 불편하더라도 서로 붙어서 온기를 누려야 합니다. 방도 좁았지만 추웠기 때문이죠. 아침 시간. 커다란 솥에 뜨거운 물이 데워져 있습니다. 아마도 엄마가 준비하였겠죠. 몇 시에 일어나셨을까요. 서열 순으로 세면을 합니다. 형,

누나 그리고 나. 차가운 한기에 뜨거운 물을 얼굴에 가져다 대니 부르르 몸이 떨립니다. 이어지는 아침식사. 함께 먹습니다. 영화 속의 장면처럼. 그 속에 정이 싹트는 것이겠죠. 후다닥 숟가락을 놓은 순서대로 일어납니다.

"학교 다녀오겠습니다."

문득 의문이 생깁니다. 우리가 학교 간 사이 엄마는 무엇을 했을까요. 그러고 보니 한 번도 본적이 없습니다. 아마도 아버지의 부재 속에 하루의 밥벌이 준비로 정신이 없었겠죠. 삼남매가 어질러 놓은 흔적을 치우며, 두 켤레의 양말을 신고 허리에는 전대를…. 삶의 전장으로 엄마는 매일을 나섰습니다. 엄마란 사람은 그런 모양입니다.

〈고령화 가족〉. 이런 막장도 없습니다. 교도소에서 출소한 백수 큰아들, 이혼을 앞둔 상황에다 영화 흥행 참패로 절망해 자살을 시도한 작은 아들, 두 번의 이혼에 자신의 딸까지 데리고 둥지를 틀고 사는 막내. 이들이 다시금 공동체를 이루며 일어나는 해프닝의 내용. 거기에 가족사의 비밀까지.

어찌 보면 결코 행복할 수 없는 현실입니다. 그럼에도 엄마란 존재는 흔들리지 않습니다. 오히려 자식들을 밥상이라는 성소에서 따뜻한 밥 한 끼, 고기 메뉴로 초대를 합니다. 이는 어떠한 상황에서도 그들을 뭉치게 하는 든든한 힘이 됩니다. 그리고 나의 엄마처럼 그녀도 날마다 버거운 가방을 손에 쥐고 세상 속으로 향합니다.

담벼락에 핀 꽃이 비춰집니다. 그녀는 꽃과 자신을 동일시 하는군요.

"꽃이 예쁘게 폈지?"

"엄마처럼 말이야."

꽃은 가냘픈 여성성을 나타내지만 척박한 현실을 뚫고 피어나는 생명력을 드러냅니다. 예쁘다는 표현. 자존감을 의미하지요. 스스로 품위를 지키고 자기를 존중하는 마음. 이는 어릴 적 환경의 영향을 받지만 중요한 것은 스스로 귀하게 생각하는 점입니다. 작은 아들이 극단적 선택을 시도한 것도 결국 이 같은 마음이 없어서입니다. 그럼에도 다시 삶의 끈을 잡게 된 것은 자존감 높은 엄마의 덕분입니다.

세상 한가운데 던져져 패배와 절망의 나락에서도 믿음의 연결이 있는 한, 사람들은 다시 땅을 딛고 일어설 수 있는 힘을 얻습니다. 내세울 것 없는 자식들의 일탈된 행동에도 그 가운데 이런 엄마가 있었습니다. 그러기에 결국 그 가족은 다시 똘똘 뭉쳐 하나가 됩니다.

"식구가 별거니? 한데 모여 살면서 같이 밥 먹고, 같이 자고 같이 울고 웃으면 그게 가족이지."

영화의 기저에 깔린 중요한 대사입니다. 같이 모여 밥 먹고, 자고, 고락을 같이 하는 존재. 그것이 가족이라는. 전통적 가족 개념이 모호해지는 오늘날 이 대사는 적잖은 생각 꺼리를 던져 줍니다.

김완이 쓴 『죽은 자의 집 청소』라는 작품이 있습니다. 제목 자체가 조금 섬뜩하지요. 저자가 청소부입니다. 일반 청소부가 아닌 특수 청소부. 고독사가 늘어나는 작금 그들의 뒤처리를 해 주는 직업입니다.

혼자서 죽음을 대면한 이의 흔적은 어떠할까요. 충격입니다. 쌓여 있는 쓰레기, 술병과 담배, 그리고 악취. 무엇이 그들을 그렇게 마지막 여정에서 혼자이게 했을까요. 아마도 영화에서처럼 끝내 기다리며 손을 잡아주는 존재가 없었기 때문일 것입니다.

임상심리학자 토니 험프리스.『가족의 심리학』저서를 통해 사랑 넘치는 가족을 위한 8가지 기술을 언급합니다. 그중 세 번째가 가장 좋은 사랑의 실천은 상대방을 진심으로 주목하는 것입니다. 따뜻한 눈빛, 온화한 표정, 미소, 손길, 상대방에게의 집중. 거짓이 아닌 진정성으로. 그래서인가요. 남들이 손가락질하는 못난 자식임에도 〈고령화 가족〉의 엄마는 개인의 고유성을 인정하고 자체로 바라봅니다.

내일을 기약할 소망 하나를 다시 품어봅니다.
가족 그리고 돌아갈 집이 우리에게 있기에.

삼겹살이 금겹살이 된
찐한 안타까움을 느끼며

캥거루 가족(Kangaroo Family)의 불편한 진실

영화 〈고령화 가족〉을 보다 보면 자연스레 캥거루란 동물이 떠오른다. 캥거루는 오스트레일리아, 뉴기니와 같은 지역에서 살고 있는 포유류로, 다른 동물과의 가장 큰 차이점은 캥거루 암컷의 경우 아랫배 앞쪽에 소위 주머니라 불리는 육아낭을 가지고 있다는 것이다. 출산 직후 새끼는 자신의 앞발을 이용해 엄마의 육아낭까지 기어올라간 후 그 안에 위치한 엄마의 젖꼭지를 빨며 자란다고 한다. 캥거루에게 있어 육아낭은 소위 외부에 있는 자궁이며, 새끼를 안전하게 보호해 주는 방패막이라고 할 수 있다.

영화 〈고령화 가족〉에서 가족의 구심점이 되어 주는 엄마(윤여정 분)는 69세 고령의 나이에도 불구하고 여전히 자식들을 먹여서 키워야 하는 엄마 캥거루처럼 보인다. 집이라는 주머니에 자식들을 안전하게 담아 연신 자신의 젖꼭지를 물려주고 있는 모양새다. 어찌 보면 자신의 노후를 편히 즐겨야 할 나이지만 안타깝게도 자식들을 향한 그녀의 책임과 의무는 끝이 없어 보인다.

경제 용어 중에 '캥거루 가족'이란 단어가 있다. 〈고령화 가족〉에 등장하는 자식들처럼 이미 성년이 되었음에도 불구하고 경제적으로 독립하지 못한 채(혹은 다시 돌아와) 부모의 품 안에서 캥거루 새끼처럼 지내는 그런 자식과 부모로 구성된 가족을 의미한다. 단어 자체에서 다소 부정적 늬앙스가 풍기긴 하지만, 그럼에도 가족이란 틀로만 본다면 긍정적 의미도 떠올릴 수 있다. 자녀들과의 행복했던 어린 시절을 떠올리며 오순도순 잘 지낼 수도 있기 때문이다.

하지만 문제는 생각보다 단순하지 않다. 캥거루 가족의 경우 연령대로 본다면 대개 60~70대 부모와 미혼 혹은 기혼의 30~40대 자식으로 구성된다. 부모의 나이는 은퇴 직전 혹은 이미 은퇴하여 연금으로 생활하는 케이스가 많다고 볼 수 있다. 그동안 모아 놓은 자산이 좀 있다면 그나마 경제적으로 쪼들리지 않게 지낼 수 있겠지만, 그렇지 못한 경우 자녀들까지 챙기기에는 버거울 수밖에 없다. 사정이 이렇다 보니 자식들은 백수가 아닌 이상 자신이 버는 소득에서 일부를 생활비로 내어 놓게 되는데, 이것만 보면 서로 상부상조하는 관계라 할 수도 있겠다.

그러나 최근의 캥거루 가족 추세를 보면 그렇지도 않다. 청년 취업의 문이 갈수록 좁아지다 보니 제대로 된 취직을 하지 못하게 되고, 그러면서 어쩔 수 없는 취업준비생으로만 남는 경우가 많아지고 있기 때문이다. 한마디로 경제적 자립, 독립이 요원해지며, 생활비를 보태기는커녕 오히려 생활비만 더 축내는 상황이 만들어지는 것이다. 넉넉하지 못한 부모의 입장에서는 경제적으로 더 궁핍해지게 된다. 한마디로 잔잔한 파도에 안전하게 떠 있던 배가 점점 가라앉는 최악의 상황으로 가게 되는 것이라 할 수 있다.

영화 〈고령화 가족〉의 장남 한모가 바로 그런 케이스라 할 수 있다. 물론 영화상에서는 조폭 출신이라 제대로 된 직업을 가져본 적이 없는 것으로 나오지만, 어쨌든 현실에서 한모의 직업은 바로 '백수'다. 이에 반해 둘째 인모는 집안 유일의 대학 출신으로 상당히 번듯한 직업을 가지고 있는데, 무려 '영화감독'이다. 그러나 아쉽게도 백수와 다를 바 없어 보인다. 첫 작품부터 줄줄이 흥행 참패를 하며 낙제점을 받았으니까. 다행히도 셋째인 미연은 직업을 가지고 있어 집에 생활비를 보태고 있는데, 그나마 캥거루 가족의 힘든 경제에 보탬이 되는 역할을 하고 있는 유일한 자식이라고 할 수 있겠다.

삼겹살 경제학

이 영화에는 의외로 많은 식사 장면이 등장하고 있다. 이는 극 중 엄마의 대사와도 연결이 된다.

"가족이 뭐 대수냐. 같은 집에 살면서 같이 살고 같이 밥 먹고 또 슬플 땐 같이 울고 기쁠 땐 같이 웃는 그게 가족인 거지."

가족의 기본은 밥을 함께 먹는 거다. 그렇기에 가족은 식구食口라는 다른 말로도 표현된다. 집에서 먹는 식사, 즉 집밥의 기본 메뉴는 밥과 기본 반찬이다. 그리고 여기에 국(또는 찌게)과 메인 혹은 특별 메뉴가 추가된다.

영화 〈고령화 가족〉의 메인 메뉴는 삼겹살이다. 엄마는 다 큰 자식들을 위해 거의 매일 삼겹살을 굽는다. 지글지글. 그리고 자식들은 배고픈 제비 새끼들 마냥 꽤나 맛있게도 삼겹살을 먹어 제낀다.

기름기가 많아 고소하고 씹는 식감까지 쫄깃쫄깃한 삼겹살은 돼지의 배 부위를 지칭한다. 붉은 살코기와 지방이 삼 겹의 층을 형성하고 있다 해서 삼겹살이란 이름이 붙었다. 한 가지 아쉬운 점은 돼지 한 마리 무게 (고기 부위만 약 70~90kg)) 당 삼겹살 부위는 약 10kg 밖에 되지 않는다고 한다. 그럼에도 불구하고 (예전에는) 크게 비싸지 않은 가격 덕분에 서민들이 퇴근길에 동료들과 함께 큰 부담 없이 소주 한잔 기울이며 그날의 피로를 푸는 데 큰 힘이 되었던 음식이자, 가족의 외식 메뉴로도 뛰어난 가성비를 자랑하던 음식이 바로 삼겹살이었다.

하지만 치솟는 물가는 어쩔 수 없나 보다. 자료를 찾아보니 이 영화가 상영되었던 2013년 삼겹살 가격은 100g 당 1,600원 정도(600g 1근 기준 9,600원)였는데 반해, 2022년에는 거의 2,400원(600g 1근 기준 14,400원)으로 9년 전에 비해 무려 50%가 올랐다. 더 이상 삼겹살이 아닌 금겹살이라 부르는 이유가 여기 있었다. 만약 지금 다시 〈고령화 가족〉을 찍는다면 삼겹살을 매 끼니마다 먹는 장면은 등장하기 쉽지 않으리란 생각이 든다. 금겹살을 매일 먹는다? 이는 서민들의 삶을 표현하는 데 있어서 아무래도 무리가 있어 보일 테니 말이다.

"근데 엄마, 엄마 한 달에 얼마나 벌어? 허구헌날 이렇게 고기 사 먹이는데 어떻게 감당하나 해서…."

둘째 인모와 엄마의 식사 장면. 항상 그렇듯 삼겹살을 구워주는 엄마에게 인모가 돌발적인 질문을 던진다. 그러자 엄마는 쓸데없는 걱정하지 말고 열심히 먹기나 하라며 말을 끊는다. 그리곤 아들을 은근한 시선으로 바라보는데, 돈 걱정을 해 주는 아들이 상당히 기특해 보인다는 표정이다.

이 영화의 상당히 많은 식사 장면에서 딱 한 가지 아쉬움이 있다면 매번 삼겹살을 굽기만 하는 엄마를 위해 3남매 중 어느 누구도 엄마에게 이제 고기 그만 굽고 편히 앉아서 식사하라는 말 한마디도 하지 않는다는 거다. 삼겹살이 너무 맛있어서였을까? 뭐 굳이 유교 사상이나 부모에 대한 효도까지 언급하지 않더라도 엄마의 맛있게 드시는 모습이 장면에 추가되었더라면 조금 더 진짜 가족다운 모습이 아니었을까 싶다. 물론 지극히 개인적인 생각이긴 하지만.

한국은
왜 막장 가족 드라마에 열광하는가

"가족이 뭐 대수냐. 같은 집에 살면서 같이 살고 같이 밥 먹고 또 슬플 땐 같이 울고 기쁠 땐 같이 웃는 게 그게 가족인 거지."

송해성 감독(49)의 인터뷰 기사에서 감독은 1남 7녀 중 막내로 태어났다고 했다. 많게는 스무 살 넘게 차이 나는 누나들과 같이 자랐고, 지금은 결혼해 다들 따로 살고 있지만 가족을 생각하면 밥 먹던 기억이 가장 먼저 난다고.

그는 "교복을 입었든 아니면 잠옷 바람이든 함께 앉아서 정겹게 수저를 들었다. 엄마가 용돈을 꺼내 주는 것도 밥상에서였다"고 한다. 그래서인지 유독 영화에서는 함께 밥 먹는 장면이 많다. 그것도 삼겹살. 그래서 삼겹살이 먹고 싶어지는 영화라고 하는 사람도 있다.

서로 싸우지만 같이 밥을 먹고, 다른 사람이 가족을 건드리면 못 참는, 참 알 수 없는 가족이다.

막장 드라마에선 항상 가족 이야기가 주제로 등장한다. 막장에서 공통으로 등장하는 내용이 있다. 불륜, 재벌, 복수, 악녀, 마지막으로 출생의 비밀이다. 〈고령화 가족〉은 마지막 출생의 비밀 끝판왕이라 할 수 있다. 자녀 3명이 다 다른 출생이다. 첫째 아들은 아버지가 지금의 엄마와 결혼하기 전 같이 살던 여자가 데리고 온, 전혀 피 한 방울 섞이지 않은 형제다. 셋째인 딸은 엄마의 현재 진행형인 외도로 낳았고, 유일하게 둘째 아들만 엄마와 아버지 사이에서 낳은 자식이다. 혈연으로 묶인 가족의 범주로 보면 온전한 가족은 둘째와 엄마밖에 없다.

이렇게 출생의 비밀은 막장에서 반전 효과를 위해 필요한 장치가 되었고 다양한 형태로 등장한다. 시대와 장르를 가리지 않는다. 새로운 전개가 필요하니 기억상실증에 걸리거나 죽고, 다시 나타날 땐 성형을 하고 나타난다. 심지어 점 하나를 찍고 나타나는데도 못 알아보는 정말 말도 안 되는 설정이 만들어진다.

그럼 왜 한국은 막장 가족에 열광할까? 신기하게도 욕하면서 보는 현상이 나타난다. 무슨 이유 때문일까. 나는 여러 이유 중에 가장 큰 것은 대리만족이 아닐까 싶다. 현실에선 없을 거라는 전제를 두고(물론 현실이 더 막장인 경우도 많지만) 맘껏 욕할 수 있다는 것으로. 출생의 비밀이 있으려면 불륜은 당연하고 중산층보단 재벌가를 다루는 것이 더욱 비현실적이면서도 신데렐라를 꿈꾸는 판타지 요소를 극대화할 수 있기 때문이다. 게다가 복수라는 자극적 소재는 악녀가 존재해야 가능하다.

〈고령화 가족〉에선 언어폭력인 욕이나 물리적 폭력까지 더해져서 공중파 방송에선 표현할 수 없는 것들을 여과 없이 보여준다. 한국 영화의 욕과 잔혹성 때문에 안 본다는 사람도 있을 정도다.

한국에선 선과 악이 분명해야 한다. 악하면서 선한 사람은 존재하지 않는다. 물론 악한 사람이 있을 수는 있지만, 영화나 드라마처럼 시종일관 악하거나 선한 사람보다 상황과 대상에 따라 악한 사람, 선한 사람도 될 수 있다.

한국은 오래전부터 '권선징악'의 프레임을 가지고 있다. 중간에 어떻게 되든 결국엔 착한 사람은 복을 받고 악한 사람은 벌을 받아야 해피엔딩이다. 연령대에 따라 막장을 소비하는 이유나 모습이 다르기도 한데, 젊은 층은 어이가 없고 말도 안 되는 상황을 보고 웃으며 스트레스를 날려버린다고 한다. 심각하게 고민하며 볼 필요가 없다는 것이다.

시어머니나 권력을 가진 악인들에게 막말을 하고 싶지만 현실에선 못하는데, 빌런들에게 주인공들이 복수를 하고 맞서서 싸우는 모습을 보며 대리만족을 느낀다. 심지어 막장에서 나온 장면들, 김치 싸대기나 음료수 마시다 흘리는 모습, 어이없는 죽음들이 패러디되어 코미디의 소재가 된다. 물잔을 얼굴에 뿌리고 돈 봉투 내미는 장면은 이제 너무 식상한 장면이 되었다.

"한국사회에 남아 있는 보수주의적, 유교주의적 담론은 '함께 돕고 사는 사회'를 그리는 듯하지만 그들이 살아가는 삶의 현장은 '막장드라마'의 세계처럼 '말도 안 되는' 사건들의 연속으로, 무한 경쟁으로 점철되어 있다"는 연구에서 보듯이 한국의 독특성이 막장이라는 장르를 만들었다. 막장을 생산하는 작가, 제작자들에겐 막장이 먹히니 계속 만들 수밖에 없다. 현실에선 가족이 하루 한 끼 한자리에 앉아 밥 먹기도 힘든데 영화에 선 막장 가족조차 한 상에서 밥을 먹는다.

가족 소풍 가서 술 먹다 오빠와 여동생은 '00년', '새끼'라며 서로 욕을 하며 이야기를 한다. 그러다 여동생에게 아줌마라 부르며 조용히 하라고 하는 옆 좌석의 사람들에게 조금 전까지 '00년'이라고 하던 오빠는 "귀한 내 동생에게 뭐라는 거야."라고 하면서 싸운다. 돌아오는 차 안에서 "무슨 일이 생기면 그렇게 형제끼리 팔 걷어붙이고 서로 돕는 거야."라고 웃으며 말하는 엄마를 보며 이건 또 무슨 시추에이션인가 싶다. 과연 그 상황이 서로 돕는 게 맞나?

'화목한 가족'의 이름 아래에 가족은 꼭 화목해야 할 것 같은, 화목하지 못한 가족은 뭔가 잘못된 것 같은 마음이 든다.

가족이야말로 가깝고도 먼 관계, 어찌할 수 없어 더 어려운 관계가 아닐까.

전세계를 울린 위대한 사랑

인생은
아름다워
Life Is Beautiful

웃으면서
동시에 펑펑 울 것이다!
-Film Threat-

수입/배급 CINEGURU

4월 13일 대개봉

인생은 아름다워

인생은 아름다워(La Vita E Bella, 1997)
감독 로베르토 베니니
주연 로베르토 베니니, 니콜레타 브라스키, 조르조 칸타리니 외

 비극적 삶을 재해석하는 유쾌함이 남지만 종내 눈시울을 적시게 만드는 영
화 〈인생은 아름다워〉. 시골에서 대도시인 로마에 상경하자마지 주인공 귀
도는 첫눈에 반하는 여인을 만난다. 우여곡절 끝 가정을 꾸리고 사랑의 결실
인 아들 조슈아까지 얻게 되니 이보다 더한 행복이 있으랴. 하지만 삶이 그렇
듯 그들 가족에게 어두운 그림자가 드리우고, 이에 아들을 위한 주인공의 재
치 있는 게임이 이어진다. 아버지라는 존재와 역할의 무게감이 전해지는 영화
이다.

심리편

아버지가
남긴 선물

Italy Arezzo. 아주 작은 소도시입니다. 입구에 들어서면 광장이 나타나고, 그곳에는 귀도 가족이 자전거를 타고 내려왔던 장면이 클로즈업 된 사진이 전시되어 있습니다. 큰 관광지가 아님에도 도시는 빛이 납니다. 영화 제목에서처럼 아니 그들의 장면이 각인된 도시이기에 아름다운 기억으로 자리해서일까요.

영화 전반부. 주인공 귀도가 첫눈에 반한 여인 도라를 만나는 과정으로 채워집니다. 그렇게 유쾌할 수가 없네요. 찰리 채플린 배우가 연상될 정도니. 때론 허풍으로 보일 수 있지만 그의 우스꽝스러운 말투와 행위는 밉지 않습니다. 어떤 상황에서도 삶을 유쾌하게 즐기는 낙천적 기질. 연관된 장면을 잠시 들여다 볼까요.

수용소 안에서 아들 조슈아가 절체절명의 순간을 마주합니다. 숨어 있던 창고를 군용견이 짖어 발각되려는 순간. 귀도는 천연덕스럽게 손가락을 휘저으며 주문을 외웁니다.

"가버려, 다른 걸 찾아. 가라, 가라, 가라."

결과는 어떻게 되었을까요.

아주대 심리학과 김경일 교수는 귀도처럼 기질이 천성적으로 낙천적, 행복한 사람이 있다고 말합니다. 연구 결과를 살펴볼까요. 160개 국민을 대상으로 아난다마이드(anandamide - 뇌 속에서 만들어지는 화학물질로 행복감을 느끼게 하는 엔도르핀보다도 15배 강하다고 함)의 수준을 확인하였습니다. 그 결과 북유럽과 북미 사람들은 21%, 아프리카 나이지리아인은 45% 수준으로 높은 낙천적인 기질을 타고 난다고 합니다. 우리나라는 어떨까요. 14%로 행복인자가 가장 낮은 국민으로 나타났습니다.

그럼 그 같은 인자를 타고나지 못한 경우에는 어떻게 해야 할까요. 비슷한 용어로 낙관적이라는 단어가 있습니다. 앞으로의 일을 밝고 희망적으로 보는 것(출처 : 국어사전)으로 상황에 대한 태도와 방향성 설정에 관여합니다. 이는 낙천성과는 달리 후천적 노력의 결과로 달성될 수 있는 요소입니다. 자신이 어떻게 하느냐에 따라 기대치 결과가 달라질 수 있다는 말이죠.

도라를 만나는 첫 장면.

"Buon giorno Principessa! (안녕하세요, 공주님!)"

귀도의 황홀한 인사말로 시작된 이 만남은 결혼으로 이어집니다. 하지만 영원할 것 같았던 행복에 그림자가 드리우네요. 독일군의 점령 하에 유태인 신분으로 수용소로 향하는 귀도와 아들 조슈아. 그리고 아내마저 그 비극의 길에 동행을 합니다.

서로의 생사를 알 수 없는 환경. 작업 중 발견한 스피커에 귀도는 자신의 육성을 실어 보내고 축음기를 통해 아름다운 음악을 띄웁니다.

"안녕하세요, 공주님! 어젯밤엔 밤새 당신 꿈을 꿨다오. 영화를 보러 갔지. 당신은 내가 좋아하는 분홍 드레스를 입었고 당신 생각뿐이라오, 공주님 늘 당신을 생각하오."

우리는 잘 지내고 있으며, 내가 당신을 얼마나 사랑하는지 메시지를 전하는 귀도. 사랑은, 가족은 이처럼 어려운 상황에서도 연결의 끈을 놓지 않습니다.

영화 후반부. 수용소 안에서의 풍경입니다. 귀도 특유의 위트와 유머 기질이 꽃을 피웁니다. 아들과의 대화 장면.

"이건 다 게임이야….

1등하면 뭐 줘요, 아빠?"

"진짜 움직이는 탱크. … 탱크는 1,000점을 먼저 딴 사람에게 줘."

게임 모티브는 영화 속 주인공 역할과 감독을 맡은 로베르토 베니니의 아버지에게서 영감을 받았다고 합니다. 홀로코스트 생존자인 부친의 경험을 투영시킨 것이죠.

귀도는 조슈아가 절망적 현실을 알아챌까 노심초사하였습니다. 미래를 기약할 수 없는 입장에서 그는 이 게임 형식을 빌려 상황을 반전시킵니다. 그러자 조슈아에게 이곳은 수용소가 아닌 놀이터가 되었습니다. 숨겨진 다른 아이들과 숨바꼭질을 하고 점수 포인트를 체크, 움직이는 탱크를 동경하며 내일을 기다립니다.

초등학교 시절. 학년이 바뀔 때마다 담임선생님은 아이들 가정환경 조사를 했습니다.

"너희 아버지 뭐하시노?"

영화 〈친구〉의 대사처럼 꼭 그렇게 질문을 하셨죠.

"돌아가셨는데요."

선생님의 겸연쩍은 표정과 아이들의 반응. 생각납니다. 생활기록부에 기재되어 있을 텐데도 왜 그들은 꼭 당사자를 통해서 확인하려는 것이었을까요. 어린 마음에도 궁금증이 생겼습니다. 나의 기억에 존재하지 않는 아버지라는 인물. 그 인물의 롤 모델을 영화 속에서 만났습니다. 자신의 힘겨움을 자식에게 내색치 않기 위해 애를 쓰는. 그리고 끝내 군인의 총에 비극적 결말을 맞으면서도 아이를 살리는.

우린 이를 희생이라고 부릅니다. 자신을 불태우면서 묵묵히 뒷바라지를 하는 부정父情. 이런 흔들리지 않는 귀도를 통해 조슈아는 든든한 울타리와 같은 심리적 안정감을 느꼈을 겁니다. 심리학자 빌러^{Henry B. Biller} 박사는 아빠와의 관계 경험은 자녀들의 주도성, 공감 능력 및 신체건강, 정서 안정에 크게 영향을 미친다고 하였습니다. 만약 귀도가 수용소 안에서 불안과 초조를 나타내었다면 이를 지켜보는 조슈아는 어떠했을까요.

"이것이 아버지가 내게 남긴 선물이다."

어른이 된 아들은 그 시간을 그리워합니다. 그리고 회상합니다. 아버지가 자신을 위해 하였던 행동을. 그렇기에 아이는 아버지의 부재에도 그처럼 밝게 성장하였습니다. 자신의 희생을 통해 자식을 살리는 가장 아름다운 선물을 받았기에.

전쟁의 공포 속에서도
아버지가 남겨준 진짜 선물

전쟁의 경제학

1939년, 우리의 주인공 귀도 오레피체와 그의 절친 페루치오는 고향인 시골을 떠나 이탈리아 중부에 위치한 아레초라는 도시로 향한다. 주 목적은 돈을 벌기 위해서였는데, 친구는 취직을 하고 귀도는 도시에 자신만의 서점을 차릴 계획이었다.

영화 〈인생은 아름다워〉에서 연도 표기는 영화 시작과 함께 첫 장면에서만 등장한다. 여기에는 그럴 만한 이유가 있다. 1939년이란 해가 이 영화에서의 대단히 중요한 복선으로 작용하고 있기 때문이다. 그렇다면 왜 1939년일까?

1939년 5월 22일 이탈리아에서는 전 세계의 주목을 끄는 대단한 일이 한 가지 벌어지고 있었다. 독일과 이탈리아의 두 외무장관이 만나 협약서에 사인을 한 것으로, 양국의 영구적 신뢰와 협력, 그리고 군사, 경제정책의 통합까지 함께 한다는 내용의 협약이었다.

당시 이 자리에는 우리가 너무나 잘 알고 있는 독일의 유명인사가 자리

하고 있었다. 그의 이름은 바로 아돌프 히틀러(Adolf Hitler, 1889~1945년). 그리고 이 협약 명에는 강철조약(鋼鐵條約, Pact of Steel)이란 이름이 붙여졌는데, 원래는 피의 조약이었다고 한다. 하지만 이탈리아 측에서 너무 센 느낌을 준다 하여 당시 이탈리아 총리였던 베니토 무솔리(Benito Mussolini, 1883~1945년)가 양국 간의 굳건한 신뢰관계를 맺는다는 의미로 강철조약이란 별명을 붙였다고 한다.

두 나라가 강철조약을 맺은 지 3개월이 조금 넘은 시점인 9월 1일, 히틀러의 독일은 마침내 폴란드 침공을 시작으로 전 세계를 전쟁의 소용돌이에 휘말리도록 만든다. 독일, 이탈리아, 일본 등 전범 국가들과 미국, 영국, 프랑스, 소련 등의 연합국가들 간의 피 말리는 전투, 즉 제2차 세계대전이 시작된 것이다.

경제적 관점으로 볼 때 전쟁은 경제 확장을 위한 최후의 수단이자 가장 강력한 방법이라 할 수 있다. 무역이나 교환을 통해 상호 협의에 의한 이득을 챙길 수는 있지만, 전쟁을 통해서는 상대국가의 땅, 자원, 자산, 사람 등 모든 것을 차지할 수 있기 때문이다. 제2차 세계대전 또한 히틀러의 세계 정복 야욕을 채우기 위해 시작한 것이라 볼 수도 있겠지만, 결국 타국가의 경제력 침탈을 통해 자국의 경제력 상승과 더불어 자신의 권력을 더 강화시키기 위함이었다 할 수 있다.

영화 〈인생은 아름다워〉는 이러한 시대적 배경을 안고 있으며, 그렇기 때문에 영화는 1부와 2부로 구분되어 있다. 즉 귀도와 도라의 러브 스토리가 1부, 그리고 귀도 가족들이 전쟁(정확히는 홀로코스트Holocaust)에 휘말리게 되고 그래서 수용소로 끌려가게 되는 것이 2부의 주 내용이라 할 수 있다.

위대한 아버지의 힘으로

온몸이 낙천, 긍정적 DNA로만 구성되어 있는 것처럼 보이는 우리의 주인공 귀도는 유대인이란 이유로 포로수용소에 끌려간 상황에서도 아들 조슈아를 보호하기 위해 선의의 거짓말을 한다. 1,000점을 획득하면 실제 탱크를 받게 되는 멋진 게임에 참여한 것이라고 말이다. 다행히 어린 조슈아는 이런 아버지의 말을 잘 믿고 따른다.

귀도는 수용소 내 힘든 상황에도 불구하고 결코 포기하지 않는다. 자신이 버텨내야만 아들을 보호할 수 있기 때문이었다. 귀도의 대단함은 여기에서만 그치지 않는다. 여자 수용소에 갇혀 있는 아내를 위해 몰래 방송을 한다거나 아내가 좋아하는 음악까지 틀어주며 그녀를 향한 사랑의 극진함을 표현한다. 언제 죽을지 모르는 극한 상황에서도 결코 포기하지 않은 채.

우리는 아버지를 가장家長이라 표현한다. '집안의 어른'이란 의미다. 어찌 보면 현대에서는 이 단어가 다소 구시대적인 뉘앙스를 풍기고 있다 할 수 있다. 사실 부부란 평등한 존재이며, 함께 협력하고 의지해야만 하는 인생의 동반자이기 때문이다.

하지만 자식에게 있어 부모, 특히나 아버지와 어머니란 존재는 다르게 다가올 수밖에 없다. 그 역할 자체가 다르기 때문이다. 과거에 비해 많이 달라지긴 했지만, 그럼에도 아버지의 역할 중 가장 큰 부분은 역시나 한 가정의 경제적 울타리로서의 모습이 아닐까 싶다. 경제적으로 흔들리게 되면 어느 가정이든 온전히 지탱될 수 없기 때문이다. 여기에 덧붙여 믿음과 감성의 기둥으로서의 역할까지 충실히 해낸다면 아버지로서는 거의 완벽한 모습이지 않을까 싶은데, 우리의 주인공 귀도가 바로 그런 아버지일 것이다.

이 영화의 제목은 〈인생은 아름다워〉인데, 과연 "인생은 아름다워"라고 말하는 화자는 누구일까? 귀도? 아니면 조슈아? 필자는 두 사람 모두가 아닐까 생각한다. 귀도는 아들 조슈아에게 죽는 순간까지 '인생이 아름답다'는 것을 실제 그대로 보여주고 있다. 아무리 힘들고 어려울지라도 나 스스로가 어떻게 생각하느냐에 따라 얼마든 인생을 아름답게 살 수 있다는 것을 온몸으로 증명한다. 그리고 조슈아는 아버지의 이런 가르침 덕분에 '인생이 아름다울 수 있다'는 것을 깨닫게 되는데, 그 깨달음은 조슈아의 성인이 된 목소리로 영화 마지막에 깊은 여운을 주는 내레이션으로 남겨지고 있다.

이건 내 이야기이며 날 위해 희생한 내 아버지의 이야기다
이것이 아버지가 내게 남긴 선물이다

현대 한국에서
'아버지'라는 이름은

"이 이야기는 단순하지만 말하기는 쉽지 않다. 동화처럼 슬플 때도 행복하고 기쁠 때도 있기에"라며 영화는 시작한다. 또한 "이것은 나의 이야기며 날 위해 희생한 아버지의 이야기다. 이것은 아버지가 내게 남긴 선물이다."라는 내레이션으로 영화는 끝이 난다. 아마 끝부분의 내레이션을 앞 부분에 넣었다면 영화 내용 스포일러가 되었을 것이다.

영화는 마치 2부작 영화처럼 남녀 주인공이 만나고 사랑하고 결혼하는 과정을 전반부에 보여주고, 5년 후 아들의 모습과 함께 유대인 수용소의 생활 모습이 후반부다. 영화 장르가 드라마 코미디라 전반부는 정말 코믹하다. 신분 차이가 나는 남녀의 사랑, 집안에서 정해 준 약혼자가 있는 로라는 외모나 경제력도 변변치 않은 귀도를 선택한다. 전반부인 1939년 당시 이탈리아의 시대적 상황을 보여준다.

1939년은 제2차 세계대전이 시작된 해다. 후반부의 수용소 생활을 암시하듯 초반의 장면에는 삼촌이 유대인이라는 이유로 불한당들에게 공격받는 모습이나 삼촌 말의 몸에 노골적으로 유대인이라 쓰고 해골을 그려놓는 장면을 비춘다.

유대인과 수용소는 영화에서 중요한 키워드다. 독일은 우생학 이론을 내세우며 유대인과 동성애자, 장애인을 말살한다. 독일인의 우수성을 강조하기 위해 아리아 인종 전체가 우월한 인종이며 반대로 유대인은 열등한 인종으로 규정한다. 그러면서 말살 정책을 정당화한다.

영화에서 로마에서 온 장학사가 학생들에게 이탈리아 민족의 우수성을 이야기하는 장면이 있다. 장학사가 아닌 귀도가 자신이 순수 아리아인의 후손이라며 자신이 잘 생겨서 자신을 보냈다고 한다. 이탈리아도 독일의 인종주의 정책을 함께한 나라였으니. 유대인인 귀도가 아리아인의 우월성을 이야기하며 나치 우생학을 비꼬는 장면이다.

유대인은 순수한 혈통인 아리아인을 오염시키는 존재이며 우생학적으로 정신병자, 장애인과 마찬가지로 여긴다. 나치의 T-4 안락사 프로그램 전선 문구에는 "유전 장애를 겪는 이 사람은 사회에 생애 동안 60,000 제국마르크의 손실을 입힌다. 동료 독일인이여, 그것은 또한 당신의 돈이다."라고 쓰여 있다.

영화에서는 로라의 결혼 발표 파티에서 교장 선생이 "정말 뛰어난 민족이예요."라며 감탄하는데, 독일 시골에서 초등학교 3학년 학생들이 푸는 문제를 예시로 든다. 독일이 장애인인 절름발이에게 4.5마르크, 간질 환자에게 3.5마르크를 매일 쓰고 있는데, 이를 평균으로 4마르크로 하고, 전체 30만 명의 장애인에게 들어가는 돈이 얼마인지 그래서 장애인을 '박멸'하면 하루에 얼마를 절약할 수 있는지 계산하는 문제를 푼다는 것이다. 로라는 그런 문제를 낸다는 것을 이해할 수 없으니 "놀랍네요."라고 했고 이를 교장 선생은 비율과 백분율, 방정식을 알아야 풀 수 있다며 자랑스러워하며 "놀랍다"고 한다.

e-지식채널 '공부 못하는 나라' 라는 영상이 있다. 독일의 교육법에 관한 영상인데 뒷부분에 "한때는 주입식 국민 교육제도와 선진 학습법의 수출국이었던 독일 교육이 키운 괴물, 전쟁과 우월주의"라는 자막이 나온다.

학교에서는 나치즘에 바탕한 교육을 실시하기 위해 교과목들을 재구성하였다. 민족주의와 반유태주의를 토대로 한 나치 사상을 주입하기 위해 핵심적인 역할을 담당한 교과는 역사, 지리, 생물, 체육, 유전과 인종학(Erblehre und Rassenkunde) 등이었다. 나치 독일은 '인간이 역사를 만든다'고 주장하며 역사 왜곡을 공공연하게 정당화하였고, 그 결과 역사 교과서는 독일의 위대함과 1차 대전에서의 패배에 유태인들이 미친 영향에 대해 청소년들이 관심을 가지도록 재기술되었다. 지리 과목의 교육 과정도 슬라브족과 유대인의 희생을 전제로 한 독일의 생활권(Lebensraum) 확보, 열등한 민족과 우수한 민족의 비교 등을 중심으로 재구성되었다.(Pagaard, 2005, pp. 192-194) 인종말살정책이 어떻게 학교 교육에서 진행됐는지 밝히고 있다. 그로 인해 괴물을 키웠다고 본다.

후반부 유대인 수용소 생활은 빅터 프랭클의 『죽음의 수용소에서』가 생각난다. 그는 수용소에서 살아남아 로고테라피를 통해 인간의 존엄성을 강조하는 정신이론을 확립했다. 수용소라는 상황에서도 나는 어떤 선택을 할 것인가에 따라 삶이 달라진다는 것이다.

귀도는 수용소의 삶을 5살 아들에게 맞춰 각색을 했다. 영화의 시작이 1939년이고 5년 후에 5살이 된 아들과 수용소로 끌려간다. 1945년 전쟁이 끝나는 시점을 맞추기 위해서겠지만 5살은 자신만의 생각과 주관이 생겨나고 그렇기에 떼를 쓰기도 하는 나이다. 미래를 위해 감정과 욕구를 자제하는 만족 지연이 낮은 나이이기도 하다. 귀도는 모든 것이 게임이라고 하며 점수를 깎이지 않으려면 배고프다고, 엄마가 보고 싶다고 울면 안 된다고 한다. 중간에 집으로 돌아가겠다는 조슈아에게 안 된다고 하지 않고, 그러자고 하며 상품으로 받게 될 조슈아가 좋아하는 탱크에 대해 아쉬움을 이야기한다. 귀도와 함께 밖으로 나갔던 조슈아는 비가 오니 감기에 걸릴 수 있다며 가지 않겠다고 한다.

아마 이 영화의 명장면을 고르라고 하면 누구나 조슈아를 박스에 숨기고 자신은 총살당하러 가면서도 아들에게 윙크를 하며 유쾌하게 걷는 장면이다. 아들이 게임이라고 느낄 수 있게, 밖으로 나오지 않고 계속 숨어 있어서 살 수 있게 하기 위한 아버지의 마지막 모습이다.

영화에서 귀도는 현대 한국의 아버지로는 적합치 않다. 경제적으로나 사회적으로 성공하지 못한 아버지, 어느 것 하나 내세울 것 없는 아버지다. 한국에선 회사에서 개인사의 이유로 일을 소홀하게 하면 안 되었던 조직문화, 국가경제의 주역이었던 산업역군 아버지 등이 아버지들이 회사 일을 우선하게 만들기도 했다. 회사에 입사하면 퇴직도 보장되었던 시대를 살았던 아버지 세대는 야근 수당이 없어도 야근을 하는 것은 당연했고 오히려 일찍 집에 가봐야 할 일이 없었다. 그러다 보니 아들들조차 아버지와 함께 하는 시간이 어색하고 불편하다. 아버지가 가정에서 설 자리가 없어졌다. 아버지는 가정 경제를 책임지고 돈을 벌어오는 사람이다. 집에 돌아오면 강아지만 반긴다고 우스갯소리를 한다.

영화 마지막에 '아버지가 남긴 선물'이라는 내레이션이 나온다. 귀도는 조슈아에게 남긴 것은 무엇일까? '슬플 때도 행복하고 기쁠 때도 있는 삶'을 선물했고 아버지란 어떤 존재인지, 삶을 대하는 태도도 남겨주지 않았나 싶다. 영화를 볼 땐 진부하고 코믹하게 전개되는 내용에 별다른 감흥이 없었는데 오히려 곱씹으며 영화가 남긴 여운이 느껴진다. 영화를 한 번 더 봐야겠다.

카모메 식당

〈카모메 식당(Kamome Diner)〉 2006
감독 오기가미 나오코
주연 고바야시 사토미(사치에 역), 카타기리 하이리(미도리 역)

핀란드 헬싱키의 항구에 위치한 카모메 식당. 그리고 그곳을 운영하고 있는
주인장 사치에. 안타깝게도 식당에는 파리만 날린다. 현지인들에게는 일본
주먹밥이 생소할 수밖에 없기 때문이다.
이곳에 대책없는 여행객인 미도리와 마사코가 합류하며 카모메 식당은 묘한
변화를 가져오게 된다. 단순 한끼 식사가 아닌, 먹지 않아도 배가 불러지는 편
안함과 매력을 파는 카모메 식당에 당신을 초대한다!

카모메 식당의
영업비밀

핀란드 헬싱키를 배경으로 갈매기라는 뜻의 카모메 일식당을 운영하는 주인공 사치에. 그녀가 식당을 운영하는 까닭이 궁금합니다. 영화 어디에서도 그 사유를 밝혀주지는 않거든요. 다만 도입부 내레이션을 통해 그 까닭을 유추해 낼 수 있을 뿐.

"맛있게 먹는 모습에 너무 약하다. 엄마는 말라깽이였다."

아마도 그녀의 식당 창업 사유는 다음과 같아 보입니다. 말라깽이였던 엄마에 대한 연민 그로 인한 욕구충족의 시도. 그 대상은 먹는 것을 채워주는 행위로 나타났습니다.

사람은 저마다의 욕구를 가지고 있지요. 성공, 금전, 지위, 명예 등. 이 욕구는 일반적 결핍으로부터 비롯됩니다. 결핍이란 부족함을 느낌에서 시작이 되고 인간은 이를 채우려는 행위로 보상하려 합니다. 이런 부족함을 어떤 이들은 부정적으로 보기도 합니다만 꼭 그렇지만은 않습니다.

심리학자 아들러도 '열등감'이라는 단어로 이를 표현하고 스스로 긍정적인 결과를 만들어 내었습니다. 그는 신체적 병약함으로 인한 상대적 박탈감이 컸지요. 그럼에도 그 자신 이를 노력과 완전성에의 추구로 대ㅊ

심리학자로 우뚝 서고 맙니다.

영화 장면으로 다시 돌아갈까요. 그녀는 이야기합니다.

"누구든 뭔가 먹어야 살 수 있는 법이니까요."

식당을 오픈한 지 적잖은 시간이 지났음에도 사람들 발길은 뜸합니다. 이에 등장인물 한사람이 적극적 홍보 조언을 하게 되죠. 하지만 사치에의 입장은 단호하네요.

"거기는 레스토랑이 아니라 동네 식당이에요. 근처를 지나다가 가볍게 들어와 허기를 채우는 곳이죠."

화려함이 아닌 마실 삼아 들릴 수 있는 친근한 동네 식당. 그녀의 영업 운영지침에서 저는 예전의 우리나라 주막이 떠올랐습니다. 기나긴 길의 여정에서 잠시 들른 길손들. 무거운 짐을 풀어놓고 허기를 국밥 한 그릇과 술 한 잔으로 채워 기운을 다시 차립니다. 카모메 식당이 지향하는 바와 상통하지요.

내부에는 테이블 몇 개와 의자가 놓여 있네요. 소박함 그리고 편안함의 느낌이 여느 가정집 같습니다. 손님을 맞는 그녀의 인사법도 별다르지 않네요. 다른 것이 있다면 따뜻하고 경쾌한 목소리로 찾아오는 모든 이들을 반긴다는 거죠.

"이랏샤이(いらっしゃい 어서 오세요)."

사람들은 마법에 걸린 듯 그 목소리에 조금씩 홀려듭니다. 그녀의 인사 말을 흉내내다보니 저의 어린 시절이 떠오르네요.

엄마는 고된 시장 장사 일을 끝내고도 집에 오면 식사 준비에 여념이 없었습니다. 사치에처럼 가족을 맞는 준비를 하였던 거죠. 찌개를 끓이고 솥에 밥을 하고… 아이들을 부릅니다.

"밥 먹어라."

엄마의 목소리. 놀이에 빠져 정신이 없던 코흘리개 아이는 용케 알아듣고 집으로 뛰어옵니다. 뒤를 이어 까까머리 형과 단발머리 누나도 그녀의 목소리에 합류합니다. 식탁은 어느새 성찬이 되었고 우리는 하루의 일과를 그곳에서 재잘거렸죠. 별다른 일상이 아니었음에도 돌아보면 잔잔한 기억으로 자리합니다. 카모메 식당의 매력이 이와 같지 않았을까요.

갓챠맨(독수리 오형제) 가사-감독의 복선일지 모르지만 영화는 독수리 세 자매로 뭉치게 됩니다-를 알려달라는, 세계지도를 펼쳐놓고 한군데 찍은 것이 이곳이라 오게 된, 짐 가방을 잃어버린, 남편이 도망가 우울증에 걸린….

저마다의 사연을 품은 인물들이 찾아오고 그런 이들을 사치에는 넉넉함으로 맞이합니다. 정성스런 음식과 식당의 공간을 통해 사람들의 허기를 만족시켜 주는 것이죠. 그로 인해 그곳은 단순한 영업장이 아닌 쉼터이자 치유의 장이 되어 사람들은 위로와 힘을 얻게 됩니다.

주 메뉴는 주먹밥. 스스로 말하기를 고향의 맛을 느끼게 한다고 하였죠. 고향은 우리가 언젠간 돌아갈 마음의 노스탤지어입니다. 그곳엔 특별함이 없음에도 누군가의 손길과 존재가 남아 있지요. 이 영화가 별다른 이슈 장면이 없음에도 은은함으로 자리하는 까닭은 거기에 있는 것 같습니다. 드러나지 않음에도 스스로의 가치가 빛나는.

사치에는 오늘도 맛난 음식을 차리고 당신을 초대하고 있답니다.

어서 오세요.

경제편

애덤 스미스가
동네식당을 차린다면

뚱뚱해지고픈 카모메 식당

영화의 제목이기도 한 〈카모메 식당〉. 카모메는 우리나라 말로 갈매기를 뜻한다. 그렇다면 왜 하필이면 식당 이름이 '갈매기 식당'일까?

핀란드의 수도 헬싱키 항구 인근에 위치한 작은 카모메 식당의 주인장은 사치에라는 이름의 일본인 중년 여성이다. 그녀는 독특하게도 핀란드 갈매기의 뚱뚱함에 반한다. 그래서 식당 이름까지 카모메 식당이라 정한 것인데, 뭐든지 가리는 것 없이 잘 먹어대는 갈매기를 보며 사치에는 이렇게 말한다.

"난 살찐 모습에 약하다. 맛있게 먹는 모습에 너무 약하다."

죽은 엄마가 말라깽이였기 때문에 반대로 뚱뚱함을 좋아하게 되고, 편식 없이 잘 먹는 사람이나 동물을 보면 흐뭇해 한 것이 바로 사치에였다. 그래서 그녀는 식당을 차린다. 자신이 만든 음식을 누군가가 맛있게 먹어주리라 생각하며.

하지만 어찌 된 일인지 식당에는 한 달째 파리만 날린다. 오죽하면 지나가던 핀란드 중년 아줌마들이 항상 가게 앞에 들러 손님이 있는지 확인할 정도니 말이다. 그러나 사치에는 절망하거나 포기하지 않는다. 언젠가 자신의 필살 메뉴이자 고향의 맛인 '오니기리(일본 주먹밥)'가 사람들의 관심을 끌어 맛있게 먹는 모습을 보는 그날이 올 것이라 굳게 믿고 있다. '아니면? 그럼 가게를 접어야지.' 정말 낙관적인 사치에다.

이후 '갯차맨(독수리 오형제)' 가사를 적어준 미도리를 무급 직원으로 쓰게 되고, 미도리는 손님을 끌기 위한 다양한 메뉴(오니기리 퓨전 버전)와 가게 홍보를 제안한다. 하지만 이 또한 여의치 않다. 기대한 맛이 나오지 않기 때문이었다.

만약 이 글을 읽고 있는 독자 여러분이 카모메 식당의 주인이라면 이럴 때 어떻게 해야 만할까? 과연 어떤 방법을 써야 난관에 처한 식당을 살릴 수 있을까?

프랜차이즈 식당을 떠올리다

우리나라를 프랜차이즈 공화국이라 부르는 사람이 많다. 그만큼 체인점들이 식당의 대부분을 차지하고 있고, 또 많은 사람들이 이러한 체인점들에 대해 긍정적 시각을 가지고 있기 때문이다. 이는 전통 있고 오래된 가게를 선호하는 일본이나 유럽과는 다소 다른 관점이라 할 수 있는데, 프랜차이즈 특유의 깔끔한 인테리어나 괜찮은 맛, 그리고 지역적으로 접하기 쉽다는 장점 때문일 것이다. 또한 창업을 시도하는 사람들 입장에서도 유리한 점이 많은 편인데, 큰 자본 없이 시도할 수 있다는 것과 짧은 교육만으로도 충분히 창업이 가능하다는 점이라 할 수 있다. 이렇듯 서로 간의 수요와 공급이 잘 맞기 때문에 우리나라의 프랜차이즈 숫자는 계속 늘어가고 있는 중이다.

'(사) 외식·프랜차이즈진흥원'에서 발표한 2021 프랜차이즈 산업 통계에 따르면 2020년 말 기준 우리나라의 프랜차이즈 브랜드 수는 무려 6,847개(점포 수가 아니다)나 된다고 한다. 엄청난 숫자가 아닌가. 이는 2019년 대비 12.5%가 늘어난 것으로, 코로나 사태에도 불구하고 계속 늘어나고 있다는 것은 상당히 의외라 하지 않을 수 없다. 그 이유는 코로나 이후 배달업이 성행함에 따라 소규모 매장이나 종업원이 없는 1인 프랜차이즈 수가 늘어났기 때문이라 한다. 어찌 되었든 대한민국 프랜차이즈 사업은 계속 성황 중이라 봐야 하겠다.

일반적인 프랜차이즈의 경우 브랜드 마케팅과 신메뉴 개발 등은 주로 본점에서 진행한다. 그렇기 때문에 일반 개인 식당보다는 운용하기 쉽다는 장점이 있다. 다소 엉뚱하긴 하지만 영화를 보며 만약 사치에의 카모메 식당이 프랜차이즈였다면 어땠을까 하는 생각을 해보았다. 만약 그랬다면 한 달 간이나 손님이 없어 파리가 날리는 일은 없지 않았을까? 아무래도 본점 차원에서 마케팅은 물론이고 메뉴 또한 핀란드 사람들의 입맛에 맞춰 개발했을 테니까.

그러나 그런 일은 절대 일어나지 않았을 것이다. 당연히 영화화도 되지 않았을 것이고, 또한 사치에와 프랜차이즈는 마치 물과 기름처럼 서로 어울리지 않는 단어로 보이기 때문이다. 이를 증명하듯 사치에는 카모메 식당이 그저 동네의 작은 식당으로 불려야 하는 이유에 대해 이렇게 말한다. SNS나 안내 지도를 보고 찾아오는 일본 사람이나 혹은 일식 하면 초밥이나 사케(일본 술)밖에 모르는 사람은 자신의 가게 분위기와는 맞지 않으며, 그저 근처를 지나다 가볍게 들어와 허기를 채우는 것만으로도 자신은 충분히 만족스럽다고 말이다.

이는 규모 있는 레스토랑이나 프랜차이즈가 아닌 철저한 사치에의 경영 의지이자 철학이라 할 수 있다. 만약 매출이나 이익만을 바라보며 식당을 운영하고자 했다면 카모메 식당은 당연히 실패작이라 봐야 할 것이다. 그럼에도 점차 많은 손님들이 카모메 식당으로 찾아오게 되는 배경은 역시나 잘 팔리는, 즉 돈을 많이 벌기 위한 메뉴가 아닌 사치에의 진심인 '고향의 맛'이 담긴 음식을 맛볼 수 있기 때문이었을 것이다.

경제학의 아버지로 유명한 애덤 스미스(Adam Smith, 1723-1790)는 자신의 저서 『국부론』에서 '보이지 않는 손(Invisible Hand)'에 대해 언급하고 있다. 이는 큰돈을 벌고자 하는 사람들의 이기적 마음만으로도 자본주의 체계가 원활히 돌아갈 수 있음을 언급하는 용어이기도 하지만, 여기에는 매우 중요한 전제조건이 하나 숨겨져 있다. 그것은 바로 타인에 대한 관심과 배려의 마음이라 할 수 있는 '공감(Sympathy)'으로, 애덤 스미스는 이 '공감'이 사람들의 마음속에 존재할 때 보다 더 따스한 자본주의가 될 수 있을 것이라 예견했던 것이다. 사치에의 철학과 애덤 스미스의 바람이 맞닿는 지점이 바로 카모메 식당이 아닐까? 주인장의 따스한 배려와 손님의 열린 만족이 공감이 되어 만나는 곳, 우리는 그런 곳에 단골이 되길 원한다.

카모메 식당 주인장 사치에의 포근한 마음을 영화뿐 아니라 현실에서도 많이 접할 수 있기를 기대해 본다.

안나 카레니나 법칙으로
행복한 가정의 이유를 찾는다면

톨스토이의 『안나 카레니나』 첫 문장에 "행복한 가정의 이유는 모두 다 엇비슷하고 불행한 가정이 불행한 이유는 제각각이다." 라는 표현이 있다.

〈카모메 식당〉 영화 끝부분에서는 "저마다 다 사연이 있군요."라는 대사가 나온다. 카모메 식당을 운영하던 예전 주인에게 하는 말인데, 모두 아무런 말이 없었지만 공감하는 분위기다. 영화에 등장하는 사람들 중 일본 덕후인 젊은 청년을 빼곤 모두 중년의 사람들이다. 저마다 사연이 있을 수 있는 연령대다.

『총.균.쇠』의 저자 진화생물학자 제레드 다이아몬드가 가축화된 동물을 첫 문장에 대입시키며 '안나 카레니나 법칙'이라고 이야기한다.

동물이 가축화되지 못한 이유를 여섯 가지, 가축화된 이유 세 가지를 진화의 과정으로 설명하고 있다. 가축화 되지 못하는 이유 중 하나라도 충족되지 못하면 안 된다는 것이다. 더불어 유라시아 지역에 가축화된 동물이 많은데 그것은 우연한 환경적 차이 때문이라고 저자는 이야기한다.

그럼 다시 안나 카레니나 법칙을 톨스토이가 이야기한 가정으로 돌아오면, 결국 행복한 가정이 되려면 불행한 가정이 되는 이유들 중 하나라도 있다면 행복하지 않다는 것이다. 모두 충족되어야 한다.

영화에서는 식당 밖에서 웃지도 않고 마치 화가 난 사람처럼 여러 번 식당 안을 쳐다보던 핀란드 여성이 어느 날 식당에 들어온다. 들어와서는 술을 시키고 취해서 쓰러진다. 핀란드 중년 여성은 이유도 모른 채 갑자기 남편이 떠나버려 괴로워 했다. 그러면서 지푸라기로 저주 인형을 만들어 나무에 걸어놓고 못으로 박는 일본에서 전해 내려오는 방법을 듣게 된다. 마사코는 사치에에게 해봤냐고 물어보고 사치에는 그런 걸 왜 하느냐는 반응을 보인다. 옆에 있던 미도리는 아무런 말도 하지 않지만 "난 해봤어요"를 표정으로 말하고 있다. 미도리가 누구에게 왜 그렇게 했는지 나오지는 않는다.

예전 식당 주인이 자신의 커피 분쇄기를 찾으러 왔다 사우나에서 돌아온 여성들에게 들킨다. 저주 인형의 주술을 한 핀란드 부인이 식당 주인을 알아보고 묻는다. 부인과 아이들은 어떻게 지내냐고. 전 주인은 아무런 말을 하지 않으니 눈치챈 사치에가 배고프다며 오니기리(일본 주먹밥)를 만들어 같이 나눠 먹는다. 전 식당 주인의 허겁지겁 먹는 모습을 보니 가정이 온전해 보이진 않는다. 사치에에게 커피를 맛있게 내리는 방법을 알려주기도 했던 전 주인은 경제적으로 어려워져서 식당도 처분하고 가정도 지키지 못한 것이 아닐까 짐작해본다.

마사코가 핀란드로 오게 된 이유는 참 특이하다. 어디론가 떠나려고 했고 그 어디를 정하지 못해서 세계지도를 펼쳐 눈을 감고 손으로 찍어서 선택한 곳이 핀란드였다. 무작정 핀란드로 왔는데 무엇을 할지, 어디로 갈지, 언제까지 있을지 아무것도 정해진 게 없다. 사치에와 우연히 서점에서 만나서 사치에가 자신의 집에서 지내도 좋다는 제안을 한다. 사치에와의 일본식 저녁 식사자리에서 갑자기 운다. 사치에는 왜 우는지 묻지 않고 가만히 휴지만 건넨다. 마치 '나도 그 마음 알아요' 라는 것처럼. 두 사람 다 일본에서 외롭게 지내지 않았을까 싶다. 홀로 떠날 수 있는, 가족이 없는 사람일 수도 있겠다.

영화는 친절하게 자세한 내용이 나오지 않아 내 추측이 틀릴 수도 있다. 짐작일 뿐이다.

카레니나는 부유한 가정에 성공한 남편, 아들까지 있는데도 왠지 허전함을 견디지 못했고 그걸 젊은 남자와의 사랑으로 채우려다 모두 잃고 말았다. 안나 카레니나 법칙에서 불행한 가정은 불륜, 외도나 영화의 중년 부인이 겪은 갑작스런 일방적인 떠남 같은 사랑의 문제가 있을 수 있고, 경제적 어려움으로 가정 경제가 무너지고 결국 가정이 파탄 나기도 한다. 안나 카레니나처럼 허전함, 외로움 등 정서적인 문제도 있을 것이고, 가족 구성원 중 누군가 아파서 혹은 누군가 범법자가 되거나 하는 어떤 한 가지의 문제가 생겨도 불행한 가정이 된다.

그럼 안나 카레니나 법칙의 행복한 가정은 모든 불행한 가정의 요소가 없어야 하는 것으로 본다면 행복한 가정이란 참 적을 뿐만 아니라 어렵다는 생각이 든다. 『총균쇠』에서 '우연한 환경'이란 결론이 〈카모메 식당〉

에 모인 여성들에 해당한다. 우연히 핀란드에 와서 우연히 카모메 식당으로 왔고 우연히 가족이 되어 같이 살게 되었다. 각자의 사연을 밝힐 필요도 없이. 혈연으로만 맺어진 가족에게서 오히려 상처를 받기도 하니까.

현대엔 가족의 형태가 정말 다양하다. 동성결혼을 합법화하기도 하고, 비혼 여성들이 같이 살기도 하고, 책이었지만 이혼한 여성들이 자녀를 데리고 같이 사는 이야기도 있다. 혈연가족만이 가족이 아닌 시대가 되었다. 어떤 가족이 옳다 그르다 할 수 없다. 법과 제도라는 것은 시대에 따라 달라지고 이는 문화에 영향을 받는다. 문화란 다수의 사람들이 만들어낸 자연스런 현상이다. 누구의 문화가 옳고 누구의 문화가 틀렸다고 판단하는 것 자체가 문화 우월주의다. 식민제국주의의 시작이 그러했다.

교육과 문화를 이야기하고 있는 나는 서로 상충되는 분야이기도 하다. 교육이란 옳고 그름이 확실하고 어찌 보면 옳음을 가르치는 학문이고, 문화는 그런 것은 없다. 아니 오히려 그런 것을 넘어서야 한다는 것이니까. 가족의 형태, 문제도 마찬가지인 것 같다. 지극히 개인적인 문제 같지만 사회 구성의 최소 단위가 가족이니 개인의 문제만은 아니다.

카모메 식당 영화를 보며 여러분은 어떠신가? 가족에 대해 한번 생각해 보는 시간을 가져보면 어떨까 싶다. 내 생각은 하나의 생각에 지나지 않으니.

PART 3

- - - - - - - - - - -

사랑,
첫사랑과 마지막 사랑 사이 그 어디

기적 같은 사랑이 다시 찾아온다

冷静と情熱のあいだ

냉정과 열정 사이

다케노우치 유타카   진혜림

감독 **나카에 이사무**   원작 **에쿠니 가오리 / 츠지 히토나리**

[15세 이상 관람가]

2016.4.21

냉정과 열정 사이

냉정과 열정 사이(Between Calm And Passion, 2003)
감독 나케에 이사무
주연 다케노우치 유타카(아가타 준세이 역), 진혜림(아오이 역)

첫사랑은 이루어지지 않는다고 한다. 그래서 첫사랑은 이루어지지 않기에 기억에 남을 수밖에 없다. 여기 서로에게 첫사랑이었던, 오랜 시간이 지나도 '내게는 잊을 수 없는 사람'으로 남은 두 사람의 사랑은 현재진행형이다. 누구에게나 있는 첫사랑을 냉정과 열정 사이를 보며 떠올려 보는 것은 어떨까.

사랑은
그런가 봅니다

꽃의 도시라고 불리는 이탈리아 피렌체. 중세에 만들어진 다리가 있습니다. 베키오 다리. 사람들의 왕래 통로이지만 하나의 상징이 부여될 때, 그곳은 명소로 혹은 회한의 장소로 인식이 됩니다. 단테와 베아트리체가 처음 만나 사랑에 빠진 곳. 단테의 여인이자 이뤄지지 못한 강렬했던 불같은 애정은 작품 『신곡』에서도 회상됩니다.

"내게는 잊을 수 없는 사람이 있다."

주인공 준세이와 아오이의 영화 〈냉정과 열정 사이〉는 이 도시를 주 배경지로 삼습니다. 그들은 연인 사이였으나 헤어졌음에도 서로를 잊지 못합니다. 준세이는 이후 기억의 장소를 찾아다니죠. 그리고 떠나간 그녀에게 마지막 편지를 씁니다.

"첫 데이트 약속, 만나기로 한 커피숍, 처음으로 함께 본 영화, 첫 키스를 나눈 그 장소에서 들었던 그 곡."

우리는 특정한 장소에서 그때의 시간을 되살리곤 합니다. 첫사랑 혹은 가족, 지인들에 대한 추억. 장소는 기억을 동반하기 때문입니다. 홍익대학교 전영백 교수는 이를 다음과 같이 언급합니다.

"장소는 우리의 기억과 연결돼 있다. 그곳에서 행복한 추억을 확인하기도 하고, 아련한 향수를 느끼기도 한다. 때로 억압된 기억을 불러일으키는 장소는 고통을 동반하기도 한다."

이런 기억의 회상은 치매요양보호 현장에서도 유용하게 이용이 됩니다. 인지자극 훈련 방법 중 하나로 진행을 늦추고 증상을 완화하기 때문입니다. 어르신이 관련 질환을 앓고 있는 터라 저도 가끔씩 나들이 기회를 활용합니다. 어릴 적 당신이 살았던 곳의 방문. 그때의 시절로 당신은 돌아갑니다. 자전거를 타고, 물 항아리를 이고 나르며, 친구들과 탑을 돌며 놀았던… 기억을 되살리며 까르르 웃음과 수다에 생기가 돋습니다.

준세이는 미술품 복원사의 꿈을 키워가고 있습니다.

"복원사는 죽어가는 걸 되살리고 잃어버린 시간을 되돌리는 유일한 직업이거든요."

일에 대한 열망도 있지만 그의 대사는 아오이와의 추억을 되돌리고, 이를 치유하려는 무의식적 발로에서 유추할 수 있습니다. 그만큼 절절했던 사랑이기에 그러할 것입니다. 사랑은 그런가 봅니다.

여자 주인공 아오이는 항상 혼자였습니다. 그녀를 회상하는 준세이의 편지글에서 이를 엿볼 수 있습니다.

"외로워서 누군가에게 의지하고 싶었지만 고집이 세고 자존심이 강해서 어떻게 대해야 할지 몰랐지…. 아버지가 일본인. 그런 아버지를 일찍 사고로 여의고 어머니가 재혼하자 넌 새 가정에 적응 못했다는 것. 줄곧 고독했다는 것. 넌 네가 있을 곳을 찾고 있다고 말했어."

자신의 마음속에 누군가가 들어오기를 두려워하는 이가 있습니다. 어린 시절 성장 및 환경 등에서 비롯된 상처가 있기 때문입니다. 이는 사회생활에서도 타인과의 관계를 맺는 데 영향을 주기도 합니다. 먼저 다가섬에도 주저함이 있습니다. 혹시나 받아들여지지 않을 수 있기에 그러합니다.

영화 장면 하나. 아오이는 준세이의 집에 방문합니다. 둘러보다가 책장 책이 쏟아지려는 상황. 준세이는 기회를 놓치지 않고 그녀에게 첫 키스를 시도하죠. 어떻게 되었을까요. 그런데 이런. 이렇게 오래 뜸을 들이며 하는 키스신은 보다가 처음입니다. 그들의 달달함에 저도 숨죽여 동참. 하지만 불발. 왜일까요. 부끄러움이라는 감정도 있지만, 그녀는 걸어 잠근 자신의 세계로 누군가 들어오는 데 따른 두려움이 있었지요. 그래서 그녀가 선택한 대답은 이러합니다.

"나 갈래."

적당한 거리가 편하게 여겨집니다. 상처받지 않기에. 사랑도 용기입니다. 나의 공간, 나의 여백을 상대방에게 내어주고 허용할 수 있는 용기. 그것이 다른 사람의 사랑을 받아들일 수 있는 비법이기에 그렇습니다. 이를 공지영 작가는 『사랑은 상처를 허락하는 것이다』라는 작품에서 이렇게 이야기합니다.

'사랑한다는 것은 발가벗는 일, 무기를 내려놓는 일, 무방비로 상대에게 투항하는 일….'

헉헉. 다리가 후들. 피렌체에 여행을 왔으니 이곳은 꼭 들려야 한다는 닦달에 마지못해 따라나섰습니다. 영원한 사랑을 맹세하는 연인들의 성지라 불리는 두오모(이탈리아어로 대성당을 의미). 영화에서의 준세이처럼 저도 계단을 힘겹게 오르지만 처한 상황은 다릅니다. 그가 아오이를 다시 만나기 위한 설렘이었다면 저는 강요(?)에 의한 길들임으로. 사랑은 그런가 봅니다.

우리는 어떤 사랑을 하고 있나요. 이기적인 혹은 이타적인.
중요한 것은 오늘 그 사람을 대할 때 얼마나 그때의 감정들을 간직하고 있는지 자문해 보았으면 합니다.

나는 읽기 쉬운 마음이야

당신도 스윽 훑고 가셔요

달랠 길 없는 외로운 마음 있지

머물다 가셔요 음

내게 긴 여운을 남겨줘요

사랑을 사랑을 해줘요

할 수 있다면 그럴 수만 있다면

새하얀 빛으로 그댈 비춰 줄게요

- 잔나비 〈주저하는 연인들을 위해〉 노래 가사 중에서

경제편

일도 사랑도
멋지게 복원시키는 직업이 있다면

밀라노와 피렌체 사이

지금까지 이탈리아 여행을 두 번 다녀온 적이 있다. 밀라노는 두 번 모두 들렀지만 아쉽게도 피렌체는 시간이 부족해 대충 한번 둘러만 본 채 발걸음을 돌려야 했다.

밀라노와 피렌체, 이 두 도시는 이탈리아에서 경제적으로 매우 중요한 역할을 담당하는 곳이다. 먼저 밀라노는 패션과 디자인의 세계적 중심지로 알려져 있으며, 유명 패션 및 명품 브랜드의 본사와 더불어 각종 패션, 디자인 박람회가 열리는 도시다. 또한 피렌체는 가죽의 도시로 많이 알려져 있으며, 가죽을 다루는 만큼 이탈리아를 대표하는 명품 브랜드 본사가 많이 위치한 곳이다. 하지만 한편으로는 르네상스 시대의 꽃을 피운 지역으로써 도시 전체가 박물관이라 불러도 손색을 없을 정도로 많은 예술 작품을 보유한 곳이기도 하다.

영화 〈냉정과 열정 사이〉에서 남녀 주인공인 쥰세이와 아오이는 각각 이탈리아 피렌체와 밀라노에서 생활하는 것으로 나오는데, 여기에는 그럴 만한 이유가 있다. 쥰세이는 미술품 복원가란 직업으로 활동하고 있으니 예술 작품이 많은 피렌체(로마도 괜찮았겠지만 왠지 피렌체가 더 느낌 있어 보이지 않는가?)가 적합하고, 아오이는 명품 브랜드샵의 직원으로 등장하니 패션의 도시 밀라노가 딱이었던 거다.

영화를 돋보이게 하는 '미술품 복원사'라는 직업

영화에서 주인공의 직업은 인물의 성격을 나타내 주는 매우 중요한 요소라고 할 수 있다. 100%라고 할 수는 없겠지만 직업에 따라 주인공의 성격이 어느 정도는 드러난다고 볼 수 있기 때문이다. 영화 〈열정과 냉정 사이〉 남자 주인공 쥰세이의 직업 또한 그의 성격과 잘 어울려 보인다. 마치 자신의 오래된 옷을 입은 것처럼.

영화에서 쥰세이의 직업은 '미술품 복원사'이다. 그는 조반나가 운영하는 유명한 미술품 복원 공방에서 일하고 있는데, 미술품 복원사란 '건축, 조각, 그림(회화)과 같은 예술 작품의 훼손, 파손된 부분을 복원시키는 일을 하는 사람'을 말한다. 한마디로 '그림 의사' 혹은 '페인팅 닥터'라고 할 수 있다.

영화의 무대였던 공방의 실제 주인이자 무려 50년의 복원 경력을 가지고 있는 이탈리아 미술품 복원사 스테파노 스카르펠리는 복원에 대해 이렇게 정의하고 있다.

"복원이란 작품의 재료, 기법을 알게 되는 것이며 작품 속을 들여다보기 때문에 작가의 성격, 습관 등 화가 자신에 대해 알게 되는 것으로, 한마디로 작품을 통해 그 안에 숨겨진 작가 자신을 직접 만날 수 있는 일이다."

멋지지 않은가? 복원에 대해 조금만 더 알아보자. 예술품 복원에는 다음과 같이 반드시 지켜야 하는 총 4가지 원칙이 있다고 한다.

1. 최소한의 부분만 복구한다. 훼손된 부분을 완벽히 가리는 것이 아니라, 그림을 보는 데 지장이 없는 선에서 최소한의 부분만 복원한다.

2. 고전 그림에 쓰이는 복원 재료는 '자연주의'가 원칙으로, 해당 시기에 썼던 재료를 찾아 사용한다.

3. 작품 수정은 '가볍게, 섬세하게, 정확하게'를 원칙으로 하며, 붓 터치는 점을 찍듯 한다.

4. 원본 그림 위 채색은 절대 금지!(복원은 아픈 곳만 치료하는 것)

쥰세이는 자신이 복원 중이던 작품이 파손됨에 따라 범인으로 몰리게 된다. 다행스럽게도 결백을 인정받지만, 이 일로 인해 일하던 공방이 폐쇄되며 결국 일본으로 돌아오게 된다. 소위 백수가 되고 만 것이다.

일본의 명망 있는 화가인 할아버지는 내심 쥰세이가 자신의 뒤를 이어 화가의 길을 걷기를 바란다. 하지만 쥰세이는 복원가란 직업에 대해 이렇게 말하며 할아버지의 기대를 무참히(?) 꺾어 버린다.

"복원사는 죽어가는 걸 되살리고 잃어버린 시간을 되돌리는 유일한 직업이거든요."

이탈리아로 돌아온 쥰세이는 다시 복원사의 길을 걷게 된다. 그리고 루도비코 치골리의 작품인 〈천사들 사이의 성모 마리아 축일〉을 멋지게 복원해 낸다. 파손되었던 작품 〈회개하는 막달라 마리아〉 또한 같은 화가의 작품이었으니 재기작으로는 최고라 할 수 있었을 것이다.

참고로 루도비코 치돌리는 16세기 말 피렌체에서 왕성하게 활동했던 화가로서 이성적 르네상스와 감성적 바로크 시대를 연결하는 화가로 알려져 있는데, 피렌체라는 지역적 특수성과 이성과 감성의 교차라는 시대적 상황이 이 화가의 작품이 영화에 등장하게 된 배경이 되었으리라 짐작해 볼 수 있다.

준세이와 미술품 복원사. 영화에서 준세이는 잘 맞는 옷을 입고 있는 듯 보인다. 그래서일까? 어쩌면 준세이에게 복원사란 직업은 천직일지도 모르겠다는 생각이 들었다. 직업적 성공뿐 아니라 그의 말처럼 죽어가는 걸 되살리고 잃어버린 시간을 되돌리는 일을 통해 시든 화초와 같던 그의 삶에 활기가 생겨나고, 더 나아가 오랫동안 헤어져 지낼 수밖에 없던 그의 연인 아오이 또한 시간의 복원을 통해 멋지게 재회하게 만드니까. 복원, 참 마법 같은 일이다.

N포 세대의
사랑은 사치

"내게는 잊을 수 없는 사람이 있다."

영화 초반에 남자 주인공의 내레이션이다. 영화는 1990년 두 주인공이 처음 만난 날부터 시작하지 않고 과거와 현재를 오가며 이야기를 이어간다. 남자 주인공은 여자 주인공과 헤어지고 난 후 피렌체에서 미술품 복원 활동을 하며 지내다 우연히 첫사랑인 여자 주인공을 만난다. 서로 잊지 못하고 있지만 숨긴 채. 더구나 현재는 서로 다른 사람들이 옆에 있다. '잊을 수 없는 사람'을 가슴에 품고 있으니 현재의 사람들은 멀어질 수밖에 없다.

"첫사랑은 이뤄지지 않는다." 라는 말이 있다. 그래서 더 애틋하고 아름답고…. 한편으론 '사랑은 움직이는 거야.' 라는 광고 문구처럼 세월의 흐름에 따라 잊혀지거나 새로운 사랑을 찾기도 한다. 첫사랑은 어린 나이에 찾아오는 것이어서 어설프고 괜한 자존심과 오해로 헤어지기 쉽다. 영화에서처럼 집안의 반대로 한쪽이 물러나기도 한다. 아버지가 내민 돈 봉투를 거절하는 여주인공을 보며 '일본도? 한국 드라마에서만 볼 수 있는 게 아니네.'라는 생각이 들었다.

돈이 많은 집안이라는 설정이 만들어낸 것인지, 외부의 상황 때문에 헤어질 수밖에 없어야 서로 잊지 못하는 사랑하는 사이가 가능한 것인지 알 수 없으나 지금으론 너무 뻔해서 진부한 느낌마저 든다.

사랑을 유지하기 위해서는 많은 노력이 필요하다. 사랑은 혼자 하는 게 아니기 때문이다. 만나고 사랑하다 헤어지는 과정이 반복되는 에너지를 사용하지 않으려는 모습을 보이고 연애 감정이 없어지기도 한다. 그래서 한때 신조어로 '초식남'이 유행했다. '초식남'은 2006년 일본에서 칼럼니스트 후카사와 미키가 쓰면서 널리 퍼졌고 한국으로 넘어왔다. 연애와 섹스 대신 일과 취미활동에 관심이 많고 여자에겐 관심이 없는 남자를 뜻하는 말이다.

남자가 초식남이라면 여자는 '건어물녀'라는 표현이 있다. 연애 감정이 건어물처럼 말라버린 여자를 부르는 일본 만화《호타루의 빛(ホタルノヒカリ)》 유래된 단어다. 이성에게 관심이 없는 것이 공통점인데 단순히 관심이 없는 것이 아니라 상처를 받아 연애를 포기한 상태를 말하기도 한다.

초식남, 건어물녀는 자발적으로 관심을 두지 않는 것이라면 N포세대는 외부의 영향으로 포기해버리는 것이다. 2015년 청년 취직이 어려워지며 생겨난 단어다. 처음엔 연애, 결혼, 출산을 포기한다는 3포세대였다가 5포, 7포로 이어지고 결국엔 N포까지 왔다. 집 같은 물질적인 포기에서부터 꿈, 희망 같은 바람도 포기하는 것까지 계속 늘어가다 보니 N포라고 하게 되었다.

사랑과 연애가 경제적인 문제와 사회적 현실 앞에서 이젠 사치가 되어 버린 청춘이다. 나 하나 건사하기 힘든데 연애와 결혼, 출산과 양육에 들어가는 비용이 커지니 당연한 걸까? 한국의 N포세대들이 〈냉정과 열정 사이〉의 두 주인공을 보면 어떤 생각이 들까. 팔자 좋게 사랑 타령이나 한다고 할까, 아니면 사랑을 할 수 있는 여유를 부러워할까. 그도 아니면 '나도 저런 사람 하나 가슴에 담고 있는데….' 라며 누군가를 떠올릴까.

초식남, 건어물녀이든 N포세대이든 누구나 첫사랑은 있을 것이다. 영화 주인공처럼 10년을 넘게 못 잊을 수도 있고, 이름도 얼굴도 흐릿해져 기억해보려 해도 잘 생각나지 않을 수도 있다. 연애 기간과 연애 감정의 깊이가 다르더라도 첫사랑이란 이름은 특별하니까. 연애의 끝이 결혼이 아닐 수도 있는, 현재 진형형의 사랑만 할 수는 없을까? 에너지와 감정의 소모가 힘들더라도 사랑만은 계속하면 좋겠다. 인생이 건어물이 되는 건 팍팍하다.

最期待的经典 最动人的重逢
첨밀밀
甜蜜蜜
COMRADES, ALMOST A LOVE STORY
张曼玉
情|人|节|就|要|甜|蜜|蜜
黎明

첨밀밀

첨밀밀(Comrades: Almost A Love Story, 1997)
감독 진가신
주연 장만옥, 여명

중국 본토 출신의 소군과 이요. 각자의 꿈을 좇아 홍콩으로 건너오며 운명적
만남이 이루어진다. 낯선 환경과 이질적 도시 공간에서 의지하던 그들은 사
랑이란 감정에 휩싸이며 서서히 마음을 열게 된다.

사랑의 모범답안으로 회자되는 영화의 이면에는 남녀 주인공의 열연 그리고
OST가 자리를 한다. 앞으로의 관계를 암시하는 두 사람의 자전거 신과 마지
막 전자대리점 앞에서의 만남 신까지. 대만 가수 등려군의 노래는 시대를 넘
어 연인들의 가슴을 설레게 한다.

심리편

사랑의
발전과 완성

'저항할 수 없는 사랑의 뜨거움. 갈망의 돌진. 연인의 속삭임이여. 가장 성스런 사람까지 미쳐버리게 만드는 그 마력이여.'

통제할 수 없는 불길과 같은 사랑을 호메로스는 〈일리아드〉에서 이렇게 표현하였습니다. 그런 격정적이며 사랑의 정석을 보여주는 영화 첨밀밀. 오늘은 대사의 문장 이를 통한 일반적 사랑의 발전과 완성 단계를 알아보겠습니다.

1단계. 친구로서의 만남

사랑으로 직행하는 경우도 있지만, 애정 관계 첫 단추는 친구로서 시작되는 경우가 적지 않습니다. 심리적 부담감이 없이 출발하는 것이죠. 미국의 철학자이며 작가인 엘버트 허버드는 이의 당위성을 이야기합니다.

'모든 관계의 기본은 친구입니다. … 좋은 친구처럼 지낼 수 없으면서, 뜨거운 연인으로 지낸다는 것은 말이 안 되는 것입니다.'

신분 상승 욕구와 빠른 사회성으로 홍콩 정착을 염원하는 여주인공 이요(장만옥). 그녀에게 타인은 자신의 이익을 위한 대상에 불과합니다. 그렇기에 어수룩하고 속이기 쉬운 남자 주인공 소군(여명)을 좋은 먹잇감으로 삼았습니다. 그러던 어느 날 두 사람의 대화.

"멍청인 나죠. 내내 날 이용했잖아요."

"알면서 왜 가만히 있었어요?"

"안 그랬으면 친구가 못 됐을 테니까. 여기 유일한 친구를 잃고 싶지 않았어요."

소군의 진심 어린 표현. 조금씩 이요의 마음은 흔들립니다.

2단계. 사랑을 잇다, 음악

영화 장르에서는 영상의 기억이 떠오를 때가 있는 반면 주제음악이 생각나는 경우가 있습니다. 후자의 대표적 영화가 첨밀밀이지요. 주연배우들의 섬세한 감정 씬도 돋보였지만 무엇보다 연상되는 것은 귀에 익은 OST이지요.

청각으로 전해지는 음악은 사랑에서 중요한 역할을 담당합니다. 서로의 감성을 이어주는 가교를 제공하기 때문이지요. 첫 만남에서 자전거를 타고 함께 이동하는 장면. 소군과 이요는 노래를 흥얼거립니다. 같은 음악을 좋아한다는 것은 일치점으로 나아가게 하는 좋은 촉매제가 됩니다.

3단계. 전환점, 스킨십

인간은 신체 접촉이 일어날 때 훨씬 친밀한 관계가 형성될 수 있죠. 그래서인가요. 섹스라는 단어는 나눈다는 뜻의 라틴어에서 나왔습니다. 옥시토신이라는 호르몬이 있습니다. 통증과 긴장완화 및 사랑과 신뢰의 감정을 높이는 효과가 있어 사랑의 호르몬이라 불리죠. 이 옥시토신을 생성

하는 유일한 방법이 있는데 그것이 스킨십입니다. 육체적 관계는 스트레스 호르몬 코르티솔 분비를 낮춰 옥시토신 분비를 증가시킵니다. (출처 : 헬스조선)

"어젯밤은 춥고 비가 내렸어요. 우린 외로웠고 온기가 필요했을 뿐이죠."

뜨거운 밤을 보낸 이후 이요가 내뱉은 말입니다. 어색함을 감추며 더이상의 깊은 진전을 막기 위한 포석이죠. 하지만 그들이 예전의 친구로 돌아가기는 어려워 보입니다. 그날의 행위는 서로의 속마음을 확인시켜 줄 수 있는 단초가 되었기 때문입니다.

4단계 : 이타적 사랑

정신분석학자이자 사회철학자인 에리히 프롬은 『사랑의 기술』을 통해 언급합니다.

'자신의 퍼스낼리티 전체를 발달시켜 생산적 방향으로 나아가지 않는 한, 아무리 사랑하려고 노력해도 반드시 실패하기 마련이다.'

그는 사랑에도 기술이 필요하다고 역설하며, 무엇보다 지속가능한 사랑에 대한 답을 인격의 성장에 있다고 보았습니다.

사회적 목적성이 뚜렷한 이요의 싸늘함. 관계가 깊어짐에도 그녀는 스스로의 울타리를 굳건히 지킵니다. 가난에서의 탈피를 꾀하는 입장에서 소군이 기대에 찰리는 없었겠죠. 현실적 자신을 이끌어 줄 파트너가 필요했습니다. 그럼에도 소군의 순수함에 그녀의 마음이 열리기 시작합니다.

"당신은 항상 내 곁에서 날 웃게 하려고 애써요."

흔들림의 반증. 소군 입장에서 상처를 받을 수는 있지만, 결국 문을 열게 하는 키워드 중의 하나는 이기적이 아닌 이타적 자세입니다.

에리히 프롬은 강조합니다. 사랑은 본래 주는 것이지 받는 것이 아니라고.

5단계. 감정의 나눔

인간이란 앞을 향해 나아가다가도 때론 뒤를 돌아보는 존재입니다. 자신이 걸어온 길을 확인 점검하며 미래의 방향을 가늠하는 것이죠. 그런데 그 과정에서 회한과 두려움이 일어날 수 있으며 그럴 때 우리는 본능적으로 나누고 싶어서 합니다. 그 대상자는 자주 만나왔고 가까이 있으며 속을 드러내어도 안전하리라는 보장이 있는 사람이죠.

"사실 난 내가 어디로 가는지 뭘 하는지도 모르겠어. 정말 불안해. 그리고 그 느낌이 싫어."

이요의 소군에게로 향한 마음. 관계의 깊어짐에 기대고 싶다는 바람이 듭니다.

김남영 작가는 말합니다. 슬픔을 나누면 그건 사랑이 된다고.

6단계. 고착

소군은 양다리를 걸치고 있습니다. 고향에 남겨 두고 온 약혼녀가 있음에도 현실에서의 이요와 교제를 이어나가는. 이를 바라보는 이요의 마음은 복잡합니다. 이럴 땐 때론 단호함이 필요한데 소군은 결정을 내리지 못합니다. 선택의 순간 평상시 이성적임을 자부하는 남성보다 오히려 여성이 현실적 판단을 내리는 경우가 있습니다. 급박하고 신속함이 요구되는 순간 여성이 대범함을 보이는 거죠.

"우리도 오랫동안 팬이었잖아."

이성이 아닌 친구 관계를 고수하는 이요. 더 이상 연인으로 형성되지 못함을 의미합니다. 감정의 고착 지점에 머무른 상황. 이런 과정이 이별로 이어지기도 하지만, 더 깊어질 수 있는 단단한 자물쇠의 시기로 남기도 합니다.

7단계. 로맨틱의 결말

"매일 아침, 당신 곁에서 눈뜰 수 있으면 족해."

가장 낭만적 대사가 아닐까 합니다. 어려움과 갈등을 겪은 이후의 진심 어린 한마디. 이는 어떤 결과를 낳게 하였을까요. 어느 경우가 되든 그들의 기억은 이 한마디의 추억으로 남게 할 것입니다. 아름다웠다고.

궁금합니다. 당신의 사랑은 어떠하였나요.

경제편

경제 파고가 만들어낸
두 남녀의 러브 스토리

그들이 1986년 홍콩에 온 이유

"야아, 서울 다 왔다, 서울!"

이 외침으로 객차 안은 왁자지껄하고 떠들썩해졌다. 그러나 차창으로 몰린
사람들은 이내 잠잠해졌다. 그 조용함에는 낯설고 큰 도시에 대한 두려움
과 설렘, 긴장과 같은 것들이 번져나고 있었다.

_ 조정래 소설 〈한강〉 중에서

다소 남루하고 촌스러운 옷차림의 수많은 사람들이 주섬주섬 자신들의
보따리를 챙겨 서울역에 내린다. 그들의 상기된 표정으로 보아 이제 막
시골로부터 상경한 사람들로 보인다. 묻지 않아도 알 것 같다. 돈을 벌기
위해 여러 사연을 가지고 고향을 떠나온 사람들. 그들 앞에는 과연 어떤
미래가 펼쳐지게 될까?

영화 〈첨밀밀〉의 남자 주인공 소군 또한 돈을 벌기 위해 고향을 떠나
홍콩까지 오게 된다. 영화의 첫 장면에는 그 날짜가 1986년 3월 1일이라

나오는데, 왜 하필 홍콩이고 1986년인 걸까?

홍콩은 경제사적으로 큰 파고를 겪은 도시일 뿐 아니라 현재까지도 흥망과 성쇠가 반복되고 있는 곳이라 할 수 있다. 영화 〈첨밀밀〉은 소군과 이요의 로맨스가 큰 부분을 차지하고 있지만, 중간 중간 비쳐지는 홍콩의 경제 변화를 눈여겨보는 것만으로도 상당한 흥미를 얻을 수 있는 영화기도 하다. 자, 그러면 그 경제적 변화의 흐름을 한번 따라가 보자.

영국의 식민지였던 홍콩은 과거 섬유산업과 전자제품 조립으로 1970년 초반까지 큰 경제성장을 이루었지만, 대만 같은 후발주자의 분발과 중국 대륙으로의 제조업 이전으로 인해 홍콩의 경제는 나빠지기 시작한다.

하지만 1979년 중국의 수장이었던 덩샤오핑에 의해 중국의 개혁·개방정책이 시행되며 새로운 반전 스토리가 쓰여지게 되는데, 과거 제조업의 메카였던 홍콩이 금융 서비스업을 주력 산업으로 정착시키며 아시아의 금융 허브로 자리 잡게 된 것이다. 이후 홍콩은 눈부신 발전을 이루게 된다.

영화의 첫 장면으로 등장하는 1986년은 아시아의 금융 허브로 성장한 홍콩이 지속적인 발전을 거듭하던 해라 할 수 있다. 소군은 이런 홍콩을 보며 성공을 꿈꾸게 되고, 결국 고향을 떠나 홍콩에 첫 발을 내딛게 된다.

여자 주인공 이요 또한 소군과 같은 꿈을 가지고 고향을 떠나온 시골 사람이었다. 하지만 그녀는 고향인 광저우(광주)가 홍콩과 지역적으로 가까운 덕분에 광둥어를 할 수 있었고, 이 장점으로 인해 보다 빨리 홍콩에 자리 잡을 수 있었다. 그녀는 맥도널드, 영어학원 등에서 일하며 열심히 돈을 모은다. 더불어 투자에도 뛰어드는데, 당시 홍콩은 금융 허브로서 세계 각국의 투자가 활발했고 그로 인해 주식, 부동산이 급등하던 시기였기 때문이었다. 똑똑한 이요는 소위 재테크를 했던 거다. 그녀는 이러한 홍콩의 급격한 경제 변화에 대해 소군에게 이렇게 말한다.

"요즘에는 할머니들도 주식이랑 외환 거래로 돈 벌어요. 주식은 홍콩의 상품이에요. 중동의 기름이나 두리안처럼요. 홍콩에서 부자 되려면 주식을 사야 해요. (중략) 오늘 항셍지수가 3,600을 달성했어요. 친구들이 연말쯤에는 4,500 이상 오른대요. 사야 할 때에요. 몇 년 후에는 내 아파트 사려고 줄을 설 거예요. 홍콩에 내 거 하나, 중국에 엄마 거 하나. 가능하겠어요? 홍콩에선 열심히 하면 뭐든 가능하다고요."

이요의 삶을 바꿔버린 블랙먼데이

하지만 오르막이 있으면 내리막도 있는 법. 이재理財에 밝던 이요도 홍콩 전반을 휩쓴 경제 한파에는 속수무책일 수밖에 없었다. 주식의 폭락으로 그녀는 큰 손실을 입게 된다. 한때 가뿐히 3만 달러를 넘겼던 그녀의 통장에는 고작 89.91달러밖에 남지 않게 된다. 1987년 10월의 일로써, 대체 홍콩에 어떤 일이 생겼기에 그녀를 이토록 큰 상심에 빠뜨리게 된 걸까?

아마도 경제에 조금이라도 관심이 있는 독자분이라면 '블랙먼데이(검은 월요일)'라는 용어를 들어본 적이 있을 것이다. 1987년 10월 19일 월요일 전 세계 금융시장의 중심인 미국 뉴욕시장의 주가는 하루 만에 무려 22.6%나 폭락하는 충격적인 일이 벌어진다. 주가지수가 20% 넘게 떨어지면 대부분 개별 종목의 경우 최소 30~50% 하락한다고 봐야 한다. 투자자 입장에서는 그야말로 엄청난 날벼락이 아닐 수 없었다.

게다가 미국 주가의 폭락은 미국 자체로만 그치지 않았다. 고요한 호수에 돌을 던지면 점점 파장이 커져 나가듯 세계 1위 경제대국 미국의 주가 폭락은 다른 국가들에 더 큰 충격으로 전달된다. 만약 미국이 1의 데미지를 입었다면 다른 국가들은 최소 2~3배의 손실을 받게 되는 것이다. 당연히 홍콩도 예외는 아니었고, 그 충격은 개인 투자자인 이요의 재산까지 집어삼키게 된 것이다.

블랙먼데이가 발생한 원인에 대해서는 미국의 무역적자, 세제 개혁안, 과도하게 오른 주가에 대한 투자자들의 불안 심리 등이 크게 작용한 것으로 알려져 있지만, 가장 신빙성 있는 것은 미국, 독일, 일본 등 세계 주요 국가들이 합의한 금리 정책을 독일이 깨뜨림으로써 전 세계의 경제가 불안해질 것을 우려한 투자자들의 투매 확산 때문이었다고 한다.

경제 흐름은 호황과 불황이 반복된다. 영원한 호황, 끝나지 않는 불황은 존재하지 않는다. 87년의 악몽이 지나고 90년에는 전 세계적인 호황이 찾아오고 그 훈풍은 홍콩까지 불어오게 된다. 어렵사리 모은 재산을 다 잃고 어쩔 수 없이 마사지사로 일해야 했던 이요는 우연히 조폭 두목을 만나 경제적 지원을 받게 되고 꽃집, 웨딩드레스샵과 부동산 투자까지 병행하며 다시 큰돈을 벌게 된다.

이후 무대는 미국으로 넘어간다. 조폭 두목의 갑작스런 사망으로 인해 홀로서기에 나서게 된 이요는 중국인 해외 여행객들을 위한 가이드를 새로운 직업으로 택한다. 이때가 1995년으로 당시 중국의 경제성장률은 적극적인 개방정책으로 인해 매년 두 자릿수를 기록할 정도로 뜨거운 성장세를 보이고 있었다. 그러다 보니 경제적 여유가 생긴 많은 중국인들이 앞을 다투어 미국뿐 아니라 유럽, 일본, 한국 등으로 해외여행을 떠나던 시기였고, 똑똑한 이요는 여행 가이드를 통해 다시 경제적 부를 챙기게 된다.

영화 〈첨밀밀〉은 경제를 주제로 하지 않았음에도 불구하고 흐름을 따라가다 보면 홍콩과 전 세계의 경제적 변화를 엿볼 수 있는 다소 특이한 영화라 할 수 있다. 더불어 돈과 투자가 인생에 어떤 영향을 미치는가를 간접적으로 보여주고 있다. 확실히 돈이 없다면 아무래도 인생이 고달파지게 된다. 우리는 돈이 중심이 되는 자본주의 사회를 살고 있기 때문이다.

그럼에도 돈이 모든 것을 좌지우지할 수 없다는 것을 영화는 확실히 보여주고 있다. 두 주인공의 질긴 인연의 끈이 결국은 등려군의 사망 소식 덕분(?)에 한 전파상 앞에서 우연히 이어지는 것을 보면 말이다.

1980년대
뜨거웠던 한국

매일 그대와 아침 햇살 받으며

매일 그대와 눈을 뜨고파

매일 그대와 밤의 품에 안겨

매일 그대와 잠이 들고파

〈매일 그대와〉라는 노래 가사다. 사랑하는 사람과 같이 잠이 들고 같이 눈을 뜨고 싶어 하는 마음은 공통된 바람이다, 영화 〈첨밀밀〉에서도 여자 주인공이 남자 주인공에게 "매일 눈 뜰 때마다 너를 보고 싶어." 라고 말한다. 연애할 때 연인을 바라다 주고 다시 돌아와야 하는 애틋함. 헤어지지 않고 계속 같이 있을 수 있다는 것. 그래서 결혼을 결심하게 된다.

영화 〈첨밀밀〉은 1986년에서 1995년까지 10년 동안 두 사람의 사랑 이야기다. 홍콩에서 첫 만남을 시작으로 미국 차이나타운까지 계속되는, 우연과 필연의 연속이다. 홍콩은 1842년 영국식민지에서 1984년 홍콩반환협정을 맺고 1997년 홍콩반환을 하는 기간인데 영화는 중국 본토에서 돈을 벌기 위해 홍콩으로 온 두 남녀의 생활을 보여준다.

1989년 6월 중국에선 중국의 민주화 시위를 중국 정부가 무력 진압하면서 빚어진 대규모 유혈참사를 낸 천안문 사태가 있었다. 그 영향이 홍콩까지 미치게 되었고, 홍콩에서 다시 유럽과 서양으로 떠나는 사람들이 생겨났다.

한국의 1980년대는 민주화와 아시안게임, 올림픽의 열풍으로 뜨거웠다. 한국영화는 에로물이 넘쳐났고 이를 군부독재의 3S(sports, sex, screen) 정책이라고 한다. 한국 에로영화와 함께 또 하나의 유행은 〈영웅본색〉 같은 어두운 분위기의 범죄·조폭물인 홍콩 누아르 영화였다. 〈첨밀밀〉은 그 시기에 히트한 멜로 영화였고 영화보다 주제 음악이 더 유명했다. 영화를 보지 않았어도 등려군이 부른 주제곡 〈월량대표아적심〉은 널리 알려졌다.

한국과 홍콩은 비슷한 시기에 비슷하게 경제성장을 하고 민주화를 경험했다. 정부의 무력진압에 맞서 민주화 운동을 했던 세대를 한국에선 1990년대에 30대 나이에, 80년대 학번과 60년대 태어난 세대를 앞 숫자만 모아서 386세대라고 불렀다. 그들이 이제 586세대가 되었다. 대학생들이 주축이 된 투쟁을 통해 군부독재 끝내고 문민정부가 들어설 수 있게 되었다. 그 당시 서울 도심에서는 하루가 멀다 하고 시위대와 경찰이 대치하고 최루탄을 쏘아댔다. 당시 대학생이었던 임수경은 비밀리에 평양에서 개최된 제13차 세계청년학생축전에 참석함으로써 파란을 일으켰다.

1980년대 한국은 뜨거웠다. 한쪽에선 에로영화로, 다른 한쪽에선 올림

픽으로, 또 다른 한쪽에선 민주화 시위로.

2019년 홍콩에서 범죄인 인도법(송환법)에 반대하며 전개한 시위가 100일째를 맞으며 장기화되면서 당초 송환법폐지 요구에서 홍콩 행정장관 직선제 등 중국의 정치적 간섭에서 벗어나려는 민주화 운동으로까지 그 성격이 확대되었다. 중국 정부가 부당한 정치적 판단을 바탕으로 홍콩의 반중 인사나 인권운동가를 중국 본토로 송환하는 데 범죄인 인도법을 악용할 수 있다는 점을 우려하며 이에 반발하면서 시작되었다. 강경진압 과정에서 실탄 사격으로 시위대의 14세, 18세 소년이 중상을 입기도 했다.

홍콩은 영국의 자본주의 체제와 중국의 사회주의 시스템이 공존하는 '일국양제'를 합의했는데, 홍콩으로 자본이 몰리면서 중국 본토에서 유입된 사람들로 일자리는 부족하고 부동산 가격은 폭등하는 데 따른 불만이 시위의 원인이기도 했다.

영화 첨밀밀을 보며 남녀의 사랑에만 몰입할 수 없는 것은 나이가 들어서일까. 아님 사회와 정치가 개인의 삶과 밀접한 것을 알기 때문일까. 하지만 주제가만 들어도 왠지 그 시절로 돌아간 기분을 느끼며 '사랑'을 떠올릴 수 있는, 매일 눈뜰 때마다 볼 수 있는 사람이 옆에 있음이 행복하다.

운명은
사랑을 따라
변합니다...

사랑이 시작될 때 빠지기 쉬운...　　　　　키이라 나이틀리

오만과 편견
PRIDE & PREJUDICE

유니버설 픽쳐스 제공 스튜디오카날 워킹 타이틀 프로덕션 키이라 나이틀리 매튜 맥퍼딘 오만과 편견 브렌다 블레싱 도날드 서덜랜드 톰 홀랜더 로자먼드 파이크 제나 말론 주디 덴치 캐스팅 지나 제이 음악 다리오 마리아넬리
의상 자클린 듀란 편집 폴 토틸 프로덕션 디자이너 사라 그린우드 촬영 로만 오신 공동제작 제인 프레이지 책임프로듀서 데브라 헤이워드 리자 차신 원작소설 제인 오스틴 감독 조 라이트
www.prideandprejudice.co.kr

오만과 편견

오만과 편견(Pride & Prejudice , 2005)
감독 조 라이트
주연 키이라 나이틀리(엘리자베스 베넷 역), 매튜 맥퍼딘(미스터 다아시 역)

 19세기 초 영국의 조용한 시골 마을. 다섯 딸을 좋은 가문에 시집보내는 것을 인생의 목표로 생각하는 어머니와 자상한 아버지, 그리고 다섯 딸이 함께 하는 '베넷가'는 평화로운 일상이 지속된다. 그러던 어느날 대가문의 신사 '다아시'가 찾아오게 되고, 베넷가의 둘째 딸 '엘리자베스'는 그와 사랑의 줄다리기를 시작하게 된다. 오만과 편견, 그리고 가문과 체면이 뒤엉키는 혼란 속에서 그들은 과연 진정한 사랑의 의미를 발견할 수 있을까?

사랑이
편견을 넘다

박범신 작가는 소설 〈은교〉에서 사랑을 이렇게 묘사합니다.

"내게 연애란, 세계를 줄이고 줄여서 단 한 사람에게 집어넣은 뒤, 다시 그것을 우주에 이르기까지, 신에게 이르기까지 확장시키는 경이로운 과정이었다. 그런 게 사랑이라고 불러도 좋다면, 나의 사랑은 보통명사가 아니라 세상에 하나밖에 존재하지 않는 고유명사였다."

단 하나의 고유명사로 명시했듯 사랑은 특별한 애정 관계로 형성이 됩니다. 그러다 보니 때론 개인의 편향된 시각으로 인한 갈등과 불협화음이 일어나기도 하죠. 영화 〈오만과 편견(PRIDE & PREJUDICE)〉은 이를 잘 보여주며 제목 자체에 이미 내용이 시사하는 바가 있습니다.

영화는 18세기 배경으로 신분 차이와 계급사회를 넘어선 남녀의 러브 스토리를 바탕으로 합니다. 남주인공 다아시. 잘생기기도 했거니와 귀족 가문에다 재산이 넘칩니다. 그래서인가요. 그가 타인을 바라보는 시선은 냉정하며 조금은 오만해 보이기까지 합니다. 여주인공 엘리자베스. 평범한 가문임에도 기가 죽어 보이지 않습니다. 스스로에 대한 주체성과 미모, 쾌활함이 넘칩니다. 당시 사회적 배경이 여성은 좋은 배우자를 만나기 위한 보조 역할로 오롯이 묘사됨에도 그녀는 다시 앞에서 당당합니다. 할 말은 다 하는 똑 부러진 신여성을 표현했다고 할까요. 이런 이미지들로 인해 두 사람은 자기의 시각으로 상대방을 해석하게 됩니다.

사랑은 줄다리기 게임으로 비유될 수 있습니다. 서로의 신경전이 이어져 자기 쪽으로 당기기만 하는 치킨게임^{chicken game}이 되기도 합니다. 상대에게 잘 보이려는 욕심도 있지만 개인의 자존심을 내세웁니다. 그러기에 영화에서처럼 처음에는 편견 혹은 선입관을 가지기도 합니다.

편견은 한쪽으로 치우친 공정하지 못한 생각이나 견해의 사전적 의미를 가집니다. 미국의 사회심리학자 고든 올포트. 그는 『편견』이라는 저서를 통해 편견적 인간은 흑백 논리로 판단하고, 모든 관계를 친구가 아니면 적으로 여긴다고 하였습니다. 편견에 쉽게 빠지는 이유를 단일한 사건을 유형화하고 친숙한 범주 속에 넣은 후 그에 따라 행동하는 까닭으로 설명을 하였죠. 또한 이를 해소하는 방법으로 접촉, 공동의 목표 등을 내세웁니다.

편견은 학습 및 성장 과정 등에서 형성되기에 쉽게 바뀌지 않습니다. 때에 따라 고착화되기도 하죠. 몇 가지 예를 들어볼까요. 자신의 생각을 O or X로 체크해 보시기 바랍니다.

- 백인은 흑인보다 우월한 유전자를 타고났다.
- 가난한 사람은 열심히 살지 않았기 때문이다.
- 남성이 여성보다 운전을 잘 한다.

- 남성은 강함이 미덕이기에 우는 것은 수치다.
- 여성은 애교가 있어야 한다.
- 리더는 카리스마가 있어야 한다.
- 와인은 오래된 것이 비싸다.

엘리자베스는 다아시에 대한 편견을 가지고 있습니다. 잘사는 사람, 지적인 우월함, 물질적 사랑에 대한 거부감을 가지고 있죠. 다아시에게 건네는 대사를 들어볼까요.

"당신의 오만함과 이기심에 신물 나요."

그녀의 엄마는 어떠할까요.

"역시 예쁘게 낳은 보람이 있어."

당시의 사회상이 그러하였지만 여성을 독립적 존재가 아닌 수동적 인물로 묘사합니다. 즉 돈 많은 남성에게 시집을 가는 것을 인생의 낙으로 삼고 있죠. 상품화된 여성을 위해 무도회에서 외적인 예쁜 이미지로만 포장을 시킵니다.

다아시도 별반 달라 보이지 않습니다. 신분에 따른 그리고 여성이면 마땅히 갖춰야 할 덕목 등에 대한 편향된 시각을 가지고 있습니다. 이를 눈이 나쁜 사람이 안경을 끼지 않을 때의 상황으로 비유해 볼까요.

앞이 제대로 보이지 않을 경우 당신은 어떤 행위를 하게 될까요. 사물을 마주할 때 손으로 만져보고 그 대상을 추측할 겁니다. 일종의 장님 코끼리 만지는 격이죠. 사람은 보고 싶은 것만 본다는 이야기가 이에 속합니다. 그렇다면 시력검사를 하고 자신에게 맞는 안경을 착용했을 때 세상은 어떻게 보일까요. 그제야 있는 그대로의 실제를 제대로 볼 수 있습니다. 그런데 여기에 상황을 초월하는 아이러니가 있습니다. 앞의 서두에서 사랑하는 관계에서 갈등과 불협화음이 수반될 수 있다고 하였는데 반대로 다른 반응이 나타나기도 합니다.

다아시는 그녀에게 고백합니다.

"신분과 집안 체면 따질 분별력도 잃었소. 이 고통을 치유해 줘요. … 사랑해요."

마법이 일어났습니다. 실체의 대상 아래 자신의 껍질을 벗어버리는 능력. 사랑의 힘입니다. 고든 올포트의 의견에 빗대면 우연찮은 잦은 접촉과 사랑이란 공동의 목표가 형성되어 일어난 반응이죠. 콩깍지가 낀다고 하기도 하지만 사랑은 현실적 제약과 기준들을 초월합니다. 이는 대상을 긍정적으로 바라보게 하기 때문이죠. 흔한 러브신 하나 없음에도 이 영화가 대중들에게 기억되는 까닭이기도 합니다.

"당신 때문에
신분과 집안 체면 따질 분별력도 잃었소."

귀족은 일을 하지 않는다

우리는 돈을 구심점으로 하는 경제 체제인 자본주의 시대를 살고 있다. 자본주의는 부익부 빈익빈, 즉 부자가 더 큰 부자가 되고 가난한 자는 더욱 가난해지는 경제적 불평등을 야기한다는 치명적인 약점을 가지고 있다. 하지만 그럼에도 18세기 산업혁명 이후 자본주의 시대가 지금까지 약 300년가량이나 계속해 유지되어 오고 있는 이유는 장점이 모든 약점을 덮을 정도로 더 크기 때문일 것이다.

필자가 생각하는 자본주의의 가장 큰 장점은 과거로부터 이어져오던 계급제도를 와해시켰다는 점이다. 부모 혹은 조부모, 더 나아가 선대로부터 전해져 내려오던 신분과 상관없이 오롯이 자신의 노력만으로 새로운 인생을 개척해 나갈 수 있는 기회를 제공한 것이 바로 자본주의 시대부터였기 때문이다. 이로 인해 일반 평민들 또한 발목을 잡던 계급제에서 벗어나 보다 경제적으로 여유 있는 생활을 할 수 있게 된 것이다.

영화 〈오만과 편견〉은 18세기 영국을 배경으로 하고 있다. 18세기는 산업혁명이 시작되어 유럽 전역으로 퍼지던 시기로서 왕족, 귀족으로 대표되는 최상위계층과 산업혁명을 통해 새로운 신흥계층으로 떠오른 젠트리(Gentry, 젠틀맨의 어원)가 섞이던 시대였다. 당시 영국의 계급 구조는 최상위층에 왕과 귀족(공작, 후작, 백작, 자작, 남작의 5등급)이 있고, 중간계급에는 기사와 성직자가 있었으며, 그 아래에는 소수의 상공인과 전 국민의 대다수를 차지하는 농민이 자리 잡고 있었다. 그런데 여기에 새로이 젠트리란 일종의 신흥 중산층이 생겨나게 된 것이다.

젠트리 계층이 생기기 전까지 중세시대는 철저한 계급사회였다. 또한 경제적으로는 전 국민의 90% 이상이 농민으로 농업의 비중이 절대적이었다. 이러한 중세시대에 가장 중요한 경제 제도 중 하나가 바로 '봉건제'였다. '봉건'이란 단어는 '봉(封, 봉할 봉)'과 '건(建, 세울 건)'으로 구성되어 있는데 '세우기 위해 봉한다'는 뜻을 가지고 있다. 즉 최고 권력자인 왕이 그 아래의 귀족이나 큰 공을 세운 사람에게 자신이 소유한 영토(땅)의 일부를 나눠주고 이곳을 다스릴 수 있는 권리를 주는 것이 바로 봉건제라 할 수 있다. 그리고 이렇게 나눠준 땅을 봉토封土라 불렀으며 이 봉토를 다스리게 된 사람을 영주(領主, 중국에서는 '제후'라 칭함)라 불렀다. 그래서 일부 학자들은 이 봉건제를 '봉건영주제'라 부르기도 한다.

중세시대 귀족들은 노동을 하지 않았다. 대신 노동하는 사람들을 관리, 감독하는 일을 했는데, 이마저도 집사가 대신하는 경우가 많았다. 놀고먹으며 인생을 어떻게 잘 즐기느냐가 그들의 관심사였다 해도 과언이 아니었다. 하지만 그러기 위해서는 많은 돈이 필요했는데, 그들의 수입은 대부분 땅, 즉 농지로부터 얻어진 수확물이었다. 농지가 곧 수입원이다 보니 얼마나 넓은 땅을 소유했는지가 그들의 경제력을 좌우하는 가장 큰 요소였다. 그래서 같은 귀족들 간에도 소유한 땅의 넓이에 따라 경제적 부의 차이가 발생할 수밖에 없었다.

결혼의 경제학

영화 〈오만과 편견〉의 여주인공 엘리자베스(리지)가 속한 베넷 가는 귀족이 아닌, 젠트리에 속하는 가문이라 할 수 있다. 다만 영화 중간 중간 부모가 지출에 신경 써야 한다는 이야기를 나누는 것으로 보아 젠트리 중에서도 다소 수입이 적은 축에 속한다고 볼 수 있다. 이런 가문의 상황 때문에 엄마는 어떻게든 다섯 딸들을 경제력이 뛰어난 가문에 보내려고 한다. 즉 결혼을 통한 신분상승을 꾀하는 것이다.

이때 귀족의 가문인 빙리와 그의 친구 다아시가 네더필드 성에서 휴가를 보내기 위해 오게 되는데, 리지의 가족들은 빙리가 5천 파운드, 다아시는 1만 파운드의 연 수입을 올리는 대단한 부자들이라 말한다. 1,800년대 영국 농민들의 평균 연 수입은 약 30~40파운드(현재 가치로 약 300~400만 원)였으며, 다아시의 1만 파운드는 현재 가치로 무려 10억 원이 넘는 액수라고 하니 엄청난 부자임엔 틀림없어 보인다.

엄마는 이 이야기를 듣고 노골적(?)인 관심을 보인다. 어떻게든 딸 중의 하나, 특히 장녀이자 미인인 제인을 이 가문에 시집보내야겠다고 말이다.

흔히 가난한 집의 여성이 엄청난 부잣집 아들과 결혼하게 될 때 이를 신데렐라 스토리에 비유하곤 하는데, 이 스토리가 유명한 이유는 그만큼 이와 같은 케이스가 드물기 때문이라 할 수 있다. 마찬가지로 평민 출신의 사람이 귀족과 결혼한다는 것은 당시 상당히 보기 힘든 일이었다. 하지만 방법이 없었던 것은 아니다. 귀족 혈통임에도 불구하고 여러 이유로 인해 가난해진 귀족의 경우 경제적 문제를 해결하기 위해 정략적 혼인을 하는 경우도 있었는데, 이 경우에는 신부 측에서 상당한 규모의 지참금을 가지고 와야만 했다.

또한 중세시대의 결혼은 여성에게 있어 인생의 매우 중대한 문제일 수밖에 없었는데, 당시에는 여성이 독립적인 경제력을 갖출 수 있는 환경이 갖춰지지 않아 결혼만이 유일한 방법이었기 때문이었다. 그래서 당시 결혼은 두 사람 간의 사랑 여부보다는 경제적 풍요를 우선으로 하는 경우가 대부분이었다.

영화에서 리지의 절친인 샬롯은 (리지가 거절한) 콜린스의 청혼을 받아들였다며 이렇게 말한다.

"그와 결혼해도 행복할 수 있어. 내게 사랑은 과욕이야. 서로를 알아가는 건 결혼 뒤에 해도 돼. 난 풍족한 삶을 보장받았어. 그걸로 감사해. 난 벌써 27세야. 돈도 장래도 없어. 부모님께 짐만 돼. 두려워."

사랑을 더 중요하게 여기는 리지지만 그럼에도 샬롯의 이같은 행동에 대해 뭐라 질책하지 못하는데, 이것이 바로 당시의 현실이기 때문이었다. 그러나 리지는 결국 보란 듯이 자신의 바람을 이루어낸다. 오해로 인한 밀당을 거듭하던 다아시와 마침내 인연의 끈으로 이어지게 된 것이다.

다아시 또한 당시 결혼에 대한 관습보다는 자신의 마음을 온통 뒤흔든 사랑의 감정을 좇던 남자였다 할 수 있다. 리지에게 자신의 뜨거운 마음을 고백하는 그의 말은 영화 〈오만과 편견〉에서 가장 로맨틱함과 동시에 당시 경제상황을 대변하고 있다 할 수 있다. 필자가 꼽는 가장 감동적인 원픽 대사이기도 하다.

"리지 양. 당신을 잊을 수 없었소. 신분과 집안 체면 따질 분별력도 잃었소. 이 고통을 치유해줘요. 사랑해요."

시대적, 경제적 상황을 초월한 그들의 러브 스토리, 그래서 사랑은 더 아름다운가 보다.

사랑해서 결혼하는 거
당연하다?

사랑 없는 결혼은 현대사회에선 상상하기 어렵다. 계약결혼이니 정략결혼이란 단어가 있지만 보편적이라고 보긴 어렵기 때문이다.

그럼 사랑하는 사람과 결혼한다는 것이 언제부터 당연했을까?

영화 〈오만과 편견〉의 엘리자베스 베네트가 언니 제인에게 "깊은 사랑 없인 나도 결혼 안 해." 라고 말하는 장면이 있다. 현대의 시각으로 본다면 저런 말을 하는 것이 오히려 이상하다. 또한 친구 샬롯이 엘리자베스의 사촌인 목사와 결혼한다는 이야기를 듣고 정색을 하자 "내게 사랑은 과욕이야." 라고 한다. 20대 후반 나이든 여자가 부모에게 짐이 되지 않고 생계를 이어갈 방법은 결혼밖에 없었던 시대다. 그런 이유로 베네트 부인에겐 딸 다섯을 돈 걱정하지 않아도 되는 집에 시집보내는 것이 지상 최대의 과제이고 시종일관 예비 사위의 연 수입이 얼마인지가 중요하다. 관객은 그런 엄마를 보며 속물처럼 느껴질 수밖에 없다.

하지만 영화의 시대적 배경인 18세기 말, 19세기 초는 아직 신분제와 가부장제가 공고하던 시대이기에 사랑하는 사람과 결혼한다며 부모가 목사인 사촌과의 정해준 결혼을 거부하는 것은 자기만 생각하는 이기적인 행동이다. 베네트의 친구 샬롯이 결혼한다고 했던 목사인 사촌은 그 당시 딸은 땅을 물려받지 못해 베네트가의 토지를 물려받는 상속자니 그렇게 이야기한 것이다. 사촌 목사와 결혼하면 땅을 비롯한 모든 재산을 그대로 가지고 있을 수 있는데 그렇게 하지 않는 베네트는 이기적인 딸인 것이다.

영국의 귀족들은 일을 하지 않았다. 딸이 결혼해도 지참금을 줄 형편이 안 되는 베네트의 가족도 일을 하지 않는다. 하인이 음식을 해 주고 집안일을 한다. 그렇다고 부유한 귀족처럼 수예, 피아노 등 신부수업을 하지는 못한다. 남자 주인공인 다아시처럼 영주라면 공물과 세금으로 먹고 살수 있다. 귀족들에게 주어졌던 토지로 영주가 되면 런던 같은 큰 도시에 가서 지내는 기간이 더 길고 결혼을 목적으로 열리는 사교계 무도회에 참석하는 것이 중요한 일인 시대였다. 여자들에게 무도회는 남편감을 만날수 있는 자리이고 경제적 독립은 결혼밖에 없었다. 그러니 조건이 좋으면 결혼하는 것이 이상한 일이 아니었다.

제인 오스틴이 『오만과 편견』을 썼던 1813년은 리젠시 시대다. 조지 4세의 섭정 시대인 1811~1820년 리젠시 시대의 귀족들은 결혼 따로 연애 따로가 당연한 시대였다.

현대의 낭만적 사랑을 결혼의 조건으로 생각하게 된 것은 계몽주의 사상이 생겨나면서 개인의 행복에 관심을 가지게 됨과 더불어 18세기 산업혁명 이후 귀족이 독점하던 자본을 새롭게 부상한 계층이 생겨나고 신분제가 붕괴되기 시작하면서부터다. 산업이 발달하고 제국주의 식민지 쟁탈과 전쟁으로 금융가, 상업에 종사하는 사람, 영화에선 막내딸과 결혼한 군인 같은 계층이 새롭게 생겨난다. 물론 막내딸과 결혼한 군인은 결혼 조건으로 다아시가 돈으로 장교직을 사준 것이지만.

귀족이 아닌 일반 시민들은 어땠을까? 별반 다르지 않았을 것이다. 아무리 귀족이라도 딸에겐 땅을 물려주지 않는 가부장제 사회에서 귀족은 그나마 돈 많은 남편을 만나면 평생 일을 하지도 않고 살 수 있지만 도시 일반 시민이나 농노들은 평생 일을 해야 하는 계층이다. 일한다고 먹고 살 만큼 돈을 벌 수 있는 구조도 아니었다. 아동, 여성의 노동력 착취문제는 심각한 수준이었다. 당장 먹고 사는 것도 어려운 형편에 낭만적 사랑이라니 샬롯의 말처럼 과욕이다.

엘리자베스는 결혼한 샬롯의 집을 방문하는데, 샬롯은 엘리자베스를 거실로 데리고 와 차를 따르며 "여긴 나만의 공간"이라고 하며 또 "내 가정을 꾸려서 너무 행복해."라고 말한다. 샬롯은 나만의 공간, 내 가정을 꾸리는 것, 풍족한 삶을 보장받은 것이 감사하다고 하는 그것으로 행복한 사람이다. 샬롯에겐 사랑보다 더 중요한 것이다. 경제적인 조건이나 외모로는 부자 남편을 얻기 어렵다고 생각한 샬롯에겐 최선의 선택일 수 있다.

산업혁명, 전통성과 근대성이 공존하는 과도기적 시대에 시대적 고민은 하나도 없는 사랑 타령만 하고 있는 제인 오스틴의 글이 비평받았다는 것도 이해가 간다. 하지만 현재 영국에서 셰익스피어 다음으로 꼽는 작가로 인정받는 것을 보면 글의 완성도와 표현력도 있지만 아무리 시대가 복잡하고 암울해도 사랑은 존재하고 사회 국가처럼 거시적인 차원이 아닌 개인의 삶을 엿볼 수 있는 작품이다.

한국에서 사랑하면 결혼하는 자유연애가 가능한 것도 개화기에 들어와서이니 얼마 되지 않았다. 지금도 여전히 사랑 없는 결혼도 하고 샬롯처럼 N포세대인 젊은이에게 사랑은 과욕일 수도 있다. 하지만 이 시대를 사는 여성으로, 어떤 삶이든 내가 선택할 수 있다는 것은 감사한 일이다.

PART 4

인생,
다시 돌아오지 않을 지금 이 순간

★★★★★

재치 넘치고 달콤쌉싸름한 이탈리아의 시적 낭만으로
웃음과 눈물의 절정을 이룬다!
- San Francisco Chronicle -

시의 구조와 기원에 대해 과감하게 접근하는 매혹적인 영화!
- Washington Post -

서정적 아름다움과 인상적인 연기로,
형언할 수 없는 감정들을 경험하게 하는 영화!
- Austin Chronicle -

일 포스티노
IL POSTINO

"사랑에 빠졌어요. 너무 아파요.
하지만 낫고 싶지 않아요."

2017.03

20년, 전 나폴리 바다에서 다시 보내온 소식!

일 포스티노

일 포스티노(The Postman, 2003)
감독 마이클 래드포드
주연 필립 느와레(네루다 역), 마시모 트로이시(마리오 역)

칠레의 저항시인 네루다가 이탈리아 섬으로 망명을 오고 그에게 우편 배달을
하게 된 마리오. 시에 대해 아무것도 몰랐던 마리오가 시에 대해 묻기 시작하
며 인생이 달라진다. 실화는 아니지만 실화보다 더한 감동이 느껴지는 영화
다. 마리오는 시를 쓰기 시작하면서 삶을 바라보는 눈이 달라졌다. 어떻게 살
아야 할까 생각하게 만드는 영화다.

은유가
이야기하고자 하는 것

가을을 타는가 봐요. 어린 시절 TV 광고 문구가 문득 생각납니다.

'○○와 함께라면 고독마저도 감미롭다.'

롯데제과에서 출시한 ○○초콜릿. 달고 맛있다 등의 구매충동 문구가 아님
에도 당시의 기억을 떠올리게 하는 까닭이 뭘까요. 초콜릿 맛의 달콤함을
간접적으로 잘 묘사한 마케팅 효과가 아닐까 합니다.

_ (출처 : SBS 뉴미디어부/사진=연합뉴스. 2021.05.08.)

어버이날. 서울역 앞 노숙자에게 누군가가 건넨 카네이션 한 송이. 잠
에서 깬 당사자는 어떤 반응을 보였을까요.

'이게 뭐야. 소주 한잔 마실 수 있는 돈을 주든지.'

'가족조차 연락이 끊어진 나에게 오늘 이런 선물을….'

물질적 보상은 아님에도 카네이션이 가지고 있는 의미로 인해 그에게
는 적잖은 감동이 일어나지 않았을까 합니다. 위의 예시로든 언어와 상징
을 은유라고 하며, 사물의 상태나 움직임을 암시적으로 나타내는 말로 메

타포^{metaphor}라고 합니다.(출처 : Oxford Languages)

은유적 표현들은 감정과 상상력을 펼 수 있게 하는 힘이 있습니다. 그래서인가요. 문학적 감성에서 곧잘 활용이 됩니다.

노벨문학상 수상자인 칠레 시인 파블로 네루다와 우편배달부 역할을 하는 마리오가 주인공인 〈일 포스티노〉. 마리오는 네루다의 일상에 매혹을 느낍니다. 사랑하는 여인이 생겨 시인이 되고 싶은 열망도 일어납니다. 그런 마리오에게 네루다는 시를 잘 쓰기 위한 팁을 건넵니다.

"하늘이 운다면 그게 무슨 뜻이지?"
"비가 오는 거죠."
"맞았어. 그게 은유야"

어떠세요. 달달하지 않나요. 우린 사랑을 나눌 때 이런 표현들을 사용하였습니다. 앵두 같은 입술, 호수처럼 깊은 눈, 초승달 같은 눈매 등. 이제는 이성적 어른이 되어버린 스스로에게 어떤 이들은 이런 말을 합니다. 이런 표현들이 어떤 생산적인 의미가 있느냐고. 그들에게 김경일 아주대 심리학과 교수의 말은 적잖은 시사점을 남깁니다.

"우리나라에서 노벨 물리학상이나 화학상 수상자가 많이 나오게 하려면 어떻게 해야 할까요?"

"어렸을 때부터 시詩를 많이 읽게 하라"는 게 인지심리학자들의 대답입니다. 과학적으로 검증된 사실입니다. … 유추 능력을 키우려면 어떻게 해야 할까요? 유추를 위한 기초 체력이 바로 은유(메타포)입니다. 그리고 은유를 가장 잘 활용하는 장르는 누가 뭐래도 시입니다.

인간의 뇌는 좌뇌와 우뇌로 구분되어집니다. 좌뇌는 물리적, 이성적 판단에 관여하고 우뇌는 창의적 사고의 뇌로 직관적 판단에 관여합니다.(출처 : YTN 사이언스) 유추 능력은 우뇌와 연관이 되는데 시가 거기에 한몫을 한다니 놀랍지요.

함축적이며 상징적 이미지로 이루어진 은유. 이는 심리치료 현장에서도 요긴하게 다루어집니다. 내담자가 자신의 문제나 고민을 드러낼 때 추상적이며 우회적 어휘들을 사용하기 때문입니다. 상담자는 이에 적극적 경청과 질문 기법 등을 통해 그 내용이 무엇을 의미하는지를 구체화해 나가는 작업을 합니다. 심리학자 융Jung은 "상징은 그 본성이 아직 알려져 있지 않기 때문에 다만 짐작될 수밖에 없는 무의식의 내용을 표현하는 가장 좋은 수단"이라고 하였습니다.

미국의 정신과 의사이자 심리학자인 밀턴 에릭슨. 그는 인간의 의식과 무의식을 연결시키는 상징을 은유라는 요소로 보았고, 내담자를 이해할 수 있게 되는 요소로 작용한다고 보았습니다. 정귀수의 『밀턴 에릭슨에게 NLP를 묻다』에 다음과 같은 이야기가 있습니다.

학교를 마치고 돌아오던 한 소년은 길을 잃고 배회하는 말을 발견합니다. 소년은 차분히 말을 안심시키고 말 등에 올라탔습니다. 말에는 고삐와 안장이 있었기에 누군가가 키우던 말이 틀림없었습니다. 소년은 고삐를 흔들며 말을 타고 큰길로 향했습니다. 말이 스스로 길을 걷게 하고 꽃과 바람에 주의를 빼앗기지 않도록 달래가며 약 7킬로미터를 달려 도착한 곳에는 한 농장이 있었습니다. 잃어버린 말과 함께 돌아온 소년에게 농장주는 놀라며 물었습니다. "말이 여기로 와야 한다는 것을 어떻게 알았니?" 소년은 답했습니다. "몰랐어요. 하지만 말은 알았죠. 제가 한 것은 그저 말이 길에서 벗어나지 않고 계속 달리도록 한 것이었어요."

말은 인간 무의식의 발로로 이를 다루는 적절한 방법이 필요합니다. 즉 말이 계속 달리도록 하기 위해 지시와 채찍의 강압적 방법이 아닌 안심, 달램과 같은 은유적 자극이 따라야 합니다. 그렇지 않으면 지치거나 다른 방향으로 배회하게 되기 때문입니다. 우리의 인간관계도 마찬가지입니다.

주말. 묵혀두었던 빨래를 하였습니다. 세탁기에 세제를 넣고 섬유유연제도 첨가합니다. 정전기 방지에 부드러운 감촉 그리고 흠~ 은은한 향기. 은유는 이의 효과와 같습니다.

삶이 팍팍하여 사람들의 말이 거칠어질 때. 속에 있는 감정을 조율하기보다는 비난과 폭력적 행동으로 드러낼 때. 우리들 마음 또한 메마르고 황량합니다. 그럴 때 나긋한 자극 하나를 건네 봅니다. 단비와 같습니다.

"하늘이 운다."

"그래 그거야 그게 바로 메타포(은유)야."

경제편

가난했던 신데렐라,
메타포를 입다

가난한 자 VS 부유한 자

영화 〈일 포스티노〉의 진짜 주인공은 누구일까? 칠레의 저항시인 '파블로 네루다'일까, 아니면 가난한 어촌 마을의 노총각 '마리오'일까? 이도 아니라면 두 사람 모두일까?

필자가 이 질문을 하는 이유는, 누구를 주인공으로 선택하느냐에 따라 관점이 달라질 수 있기 때문이다. 메타포에 대한 진지한 논의를 따스한 눈길로 보여주고 있는 이 영화는 경제적 관점으로 보게 되면 '가난한 자' VS '부유한 자' 혹은 '성공한 사람' VS '성공하지 못한 사람'의 이분법적 구도로 나누어지게 된다. 즉 전 세계적으로 유명할 뿐 아니라 경제적으로도 여유가 많은 시인 '파블로 네루다'와 그의 삶을 부러워함과 동시에 약간의 시기와 질투까지도 살짝 내비치고 있는 가난한 '마리오'의 이야기는 사실 자본주의 사회에서라면 함께 어울리기 힘든 그런 모습을 담고 있다 하겠다.

자, 이러한 이분법적 구도가 스토리를 어떻게 끌고 가는지 한번 알아보

자. 우리가 익히 잘 알고 있는 구전동요 중에 〈신데렐라〉(작사, 작곡 미상)란 노래가 있는데, 아마 멜로디뿐 아니라 가사도 많이 들어봤을 것이다.

신데렐라는 어려서 부모님을 잃고요
계모와 언니들에게 놀림을 받았더래요
샤바 샤바 아이샤바 얼마나 울었을까
샤바 샤바 아이샤바 천구백팔십 년대

신데렐라는 어려서 부모님을 모두 잃고 계모 슬하에서 살 수밖에 없었다고 한다. 게다가 계모와 언니들은 얼마나 못되었던지 신데렐라를 마치 식모처럼 부려먹었다. 당연히 신데렐라는 사는 게 힘들 수밖에 없었고, 자신의 허름한 방이나 부엌에 숨어 많이도 울었을 것이다. 아마도 울면서 이렇게 신세 한탄을 하지 않았을까? '에구, 내 팔자야….'

그런데 이 노래 가사 중 상당히 흥미로운 부분이 있다. 맨 뒷부분에 있는 '천구백팔십 년대'인데, 많고 많은 시기 중에 왜 하필 천구백팔십 년대였을까?

작사자 미상의 노래이긴 하지만, 이 가사를 지은 그 누군가는 아마도 힘들었던 1980년대를 온몸으로 겪어온 사람이 아닐까 생각이 든다.

1980년대 대한민국은 군부독재로부터 벗어나기 위한 정치적 민주화 투쟁과 더불어 중공업 산업 육성 등의 경제개발이 한창이었던 시기이다. 게다가 1988년의 서울 올림픽은 대한민국의 경제 성장을 한 단계 더 높이는 계기가 되었다. 국가는 크게 성장을 했지만, 사실 이 시기를 살아야 했던 국민들의 생활은 산업 일꾼으로서 국가 성장에 희생되고 있었다 할 수 있을 것이다. 그만큼 힘든 시기였기 때문에, 많은 국민들은 계모와 언니들에게 구박을 받던 신데렐라처럼 보이지 않는 곳에서 많이 울 수밖에 없었으리라. 그러나 다행스럽게도 이러한 설움과 괴로움은 시간이 지나며 어느 정도의 경제적 풍요로 보상받게 된다. 마치 신데렐라가 왕자님을 만나 새로운 인생을 살아가게 되듯, 대한민국 국민들 또한 지긋지긋한 가난으로부터 벗어나 비로소 경제적으로도 여유 있는 삶을 즐길 수 있게 된 것이다.

힘겨운 가난을 극복하고 한 단계 높은 사회에 편입하여 성공 스토리를 써간다는 내용의 '신데렐라 스토리'는 여러 드라마나 영화에 약방의 감초처럼 많이 쓰인 소재인데, 대개는 해피엔딩으로 끝나는 경우가 많다. 워낙 비슷한 유형의 이야기들이 많이 다뤄지다 보니 이제는 다소 식상한 면이 없지 않다.

그러나 그럼에도 불구하고 이러한 드라마나 영화가 계속해서 히트하는 이유는 아무래도 현실에서는 일어나기는 힘든 특히, 내 주변 혹은 나의 이야기로는 거의 불가능에 가깝기 때문에, 상상 속에서라도 일어나길 바라는 사람들의 욕망을 대변한 것이라고도 볼 수 있을 것이다.

메타포의 정장을 입은 마리오

가난한 주인공 마리오의 본래 직업은 어부다. 하지만 별 돈벌이가 안되다 보니 백수처럼 시간을 보내고 있었다. 그러던 중 칠레의 저항시인 파블로 네루다가 이탈리아의 작은 어촌 마을로 망명을 오게 되고, 더불어 매일 엄청난 양의 우편물이 도착하자 섬에서는 이를 전담 처리하기 위한 우편배달부를 서둘러 고용하게 된다. 이렇게 마리오는 백수나 마찬가지였던 어부에서 번듯한 직업인 우편배달부로 변신한다. 하지만 정규직이 아닌 단기 계약직으로, 네루다가 망명 생활을 끝내고 자신의 나라로 돌아가게 되면 마리오는 다시 백수로의 귀환이 예정된 상태였다.

네루다를 처음 본 마리오는 그의 여유 있는 삶을 부러워한다. 자신과 너무나도 다른 그의 일상을 약간은 대놓고 동경하는 모습을 보인다. 그리고 주의 깊게 관찰하기 시작한다. 대체 무엇 때문에 그가 그렇게 유명한 건지, 또 어떻게 성공했는지 말이다. 이러한 관찰자의 시각은 마리오의 뛰어난 장점이라 할 수 있는데, 그가 만약 시기와 질투의 화신으로만 그쳤다면 시간이 흘러도 그는 여전히 가난한 마리오에 그치고 말았을 것이다.

하지만 그를 닮고 싶다는 강한 욕망(그처럼 성공하고 싶고, 또 돈도 벌고 싶다는)이 네루다로부터 시의 본질이라 할 수 있는 '메타포(은유)'를 배우도록 강제하게 된다. 그리고 마리오는 이것이 자신을 현재의 가난함과 찌질함에서 벗어나게 해 줄 것이란 사실을 직관적으로 알아차린다. 그렇게 마리오는 메타포의 세계에 빠져들게 된다.

마리오는 네루다로부터 배운 기술(!)을 적극적으로 활용하는데, 아쉽게도 그 기술을 통해 돈을 벌지는 못하지만 사람의 마음을 훔치는 데는 성공한다. 마을 주점에서 일하는 아름다운 처녀 베아트리체의 마음을 도둑질한 것이다. 돈도 재물도 선물도 아닌, 오로지 세 치 혀로만 말이다. 이 대목에서 마리오는 거의 카사노바와 동급처럼 보여지는데, 사실 메타포란 필살기가 아니었다면 그가 베아트리체를 신부로 맞아하기란 거의 불가능에 가까웠을 것이다. 영화에서 보듯, 지긋한 가난은 물론이고, 외모 또한 바짝 말린 멸치처럼 별 보잘것없었으니 말이다.

하지만 마리오의 필살기에 의해 사랑이란 마법에 빠져버린 베아트리체의 눈에는 그가 이 세상 그 어떤 누구보다 더 감미롭고 매력적인 남자로 보였을 것이다. 메타포가 마리오의 등에 눈부신 후광을 장착시켜 주었기 때문이었다.

마리오의 위대한 선물

개인적으로 이 영화를 가장 감동의 도가니로 빠져들게 만드는 장면은 바로 마리오의 선물이 아닐까 싶다. 망명 조치가 풀려 자신의 고향인 칠레로 돌아간 네루다를 위해 마리오는 정성스러운 선물을 준비하기로 마음먹는다. 하지만 안타깝게도 여전히 가난한 마리오. 그렇다면 어떤 선물을 준비해야 할까? 네루다로부터 소중한 메타포의 세계를 배운 마리오는 여기에도 메타포를 활용, 이 세상 어떤 물건으로도 대신할 수 없는 가장 아름다운 선물을 준비하게 된다.

하나, 작은 파도

둘, 큰 파도

셋, 절벽의 바람소리

넷, 나뭇가지에 부는 바람

다섯, 아버지의 서글픈 그물

여섯, 신부님이 치시는 교회 종소리

일곱, 밤하늘에 반짝이는 별

여덟, 임신한 아내 베아트리체의 배에서 들리는 아들 파블리토의 심장소리

그렇다. 마리오는 네루다와 함께 한 잊을 수 없는 순간들을 준비한 것이다. 메타포 수업을 하며 함께 거닐었던 해변가에서 들던 작은 파도와 큰 파도 소리, 절벽을 휘몰아쳐 올라가던 힘찬 바람소리와 나뭇가지를 살랑살랑 흔들어대던 소녀의 입김 같은 바람 소리 그리고 생계를 위해 그물을 다듬어야만 하는 아버지의 비장한 그물 소리와 저녁을 알리던 교회의 종소리는 또 얼마나 아련한 아름다움이었던가. 또한 맑디맑은 밤하늘 캔버스에 총총하게 박혀 빛나던 별들의 노랫소리는 그 어디에서도 잊지 못할 감동의 순간이었을 것이다.

이것만으로도 감동적인데, 마리오는 여기에 한 가지를 더 추가한다. 네루다의 도움으로 마을 처녀 베아트리체와 결혼한 후 얻게 된 마리오 2세 파블리토의 심장소리는 그야말로 화룡점정 그 자체라 할 수 있다. 생명이 있기에 우리는 자신의 인생을 제대로 보고 느끼며 살아갈 수 있고, 또한 비록 자신은 생명이 다함에 따라 이 세상에서 사라지게 될지라도 2세라는 또 다른 생명을 이을 수 있기에 우리의 인생은 비로소 의미 있는 삶이었다 말할 수 있으리라.

영화 〈일 포스티노〉는 메타포를 통해 바라본 세상을 일깨워 줌과 동시

에 우리의 인생을 다시 한번 돌아보도록 만들어 준다. 비록 부자가 되지 못할지라도 메타포가 우리의 삶을 얼마나 풍요롭고 여유롭게 만들어 줄 수 있는지, 더불어 돈보다 더 소중하고 위대한 것이 우리 주위에 얼마든 있다는 것을 알려주는 좋은 영화라 하겠다.

삶을 바꾸는 교육,
삶으로 가르친 것만 남는다

"하늘이 운다면 그게 무슨 뜻이지?"

"비가 오는 거죠."

일 포스티노 영화에서 시인 네루다와 우편배달부가 나누는 대화다. 은유에 대한 예로 이야기하는 것이었다. 더불어 어떻게 시인이 되는지 묻는 우편배달부에게 네루다는 "해변을 따라 천천히 걸으면서 주변을 감상해 보게." 라고 말한다. "그럼 은유가 떠오를까요?" 라고 다시 묻고 그리될 거라고 답한다.

은유가 무엇인지 아주 적절한 예이다. 우리는 평소에 은유를 많이 사용하는가? 대부분 "아니오." 라고 답할 것이다. 만약 주변에서 이런 표현을 하는 사람이 있다면 그 표현이 특히 말하는 당사자만 알 수 있는 은유라면 "뭔 말이야" 라며 짜증을 낼 수도 있다.

하지만 의외로 우리는 은유를 많이 쓰고 있다. 장마철엔 "하늘에 구멍이 난 것 같다." 라고 하고 몹시 덥고 뜨거운 날엔 '머리가 벗겨질'이란 표현을 한다. 날씨와 관련된 은유는 관용구처럼 사용하고 있다. 관용적으로 사용하고 있기에 은유라고 생각하지 못한다.

이런 은유는 어른보다 아이들이 잘한다. 아이가 어렸을 때 산에서 구름 풍경을 보면서 "구름이 잠을 자요." 라고 했다. 누가 은유에 대해 가르쳐 준 적도 없는데 말이다. 그럴 때 놀라고 감동을 받는다. 그러고 보면 느낌 대로 말하는 게 은유일 수 있다. 오히려 국어시간에 시를 배우고 은유에 대해 알려주면 억지로 멋있어 보이는 은유적 표현을 한다.

시인 네루다는 그래서 해변을 걸으며 주변을 감상해 보라고 했나. 어쩌면 인간은 몸속에 자신도 알지 못한 '은유'를 지니고 있지 않나 싶다.

영화에서 우편배달부는 시인에게 여러 질문을 한다. 그런데 특이한 건 시인이 바로 답을 말하지 않는다는 것이다. 오히려 질문을 하거나 다음에 답을 하겠다고 한다. 그 장면을 보며 『무지한 스승』이 생각났다.

자크 랑시에르의 『무지한 스승』에서 프랑스인이 네덜란드 대학에서 불문학을 가르치는데 교수는 네덜란드어를 할 줄 모르고 학생은 불어를 할 줄 모르지만 교재를 선정해서 수업을 한다. 교수는 자신은 '무지한 스승' 을 자처하고 설명해 주지 않는다. 학생들은 교재의 네덜란드, 프랑스 대역본을 스스로 비교하며 읽고 익혀 프랑스어로 작문 숙제를 훌륭히 해낸다. 우리는 교수자가 학습자에게 일일이 설명하고 가르쳐야 하며 교수자는 모든 것을 알아야만 한다고 생각하지만, 학습자가 스스로 학습하겠다는 동기만 있으면 얼마든지 교수자 없이도 배움이 가능하다. 물론 교수자가 옆에서 동기와 자극이 될 만한 것들을 제공해야 한다.

"시란 설명하면 진부해지고 말아. 시를 이해하는 가장 좋은 방법은 감정을 직접 경험해 보는 것뿐이야."

시인 네루다의 말처럼 직접 경험해 보는 것, 교수자도 설명이 아닌 삶으로 가르친 것만이 남는 것이다. 교수자는 꼭 학교 선생님을 말하는 것이 아니라 부모가 될 수도 있고 동년배의 친구가 될 수도 있다. 그래서 뒷모습을 보고 배운다는 표현도 있다. 이 말을 들으면 교육자로 사명감과 삶의 태도를 바로 해야겠다는 마음을 먹게 된다.

영화를 보며 교육은 결국 삶을 바꾸는 교육이어야 한다는 것을 느꼈다. 시인과 우편배달부의 짧은 만남이 이후 그 사람의 삶에 막대한 영향을 미쳐 삶 자체가 변하게 된다. 배멀미를 하는 마리오는 어부의 삶과는 맞지 않아 글을 읽고 쓸 줄 알고 자전거가 있다는 조건에 맞아 우편배달부를 시작했다. 그런 마리오가 세상을 보는 관점이 달라지고 세상으로 나아가 자신의 목소리를 내는 용기 있는 모습을 보며 오히려 시인보다 멋져 보였다. 섬의 아름다움을 일일이 찾아다니며 녹음하는 과정에서 찾아낸 소리들, 심지어 '별빛이 반짝이는 섬의 밤하늘'은 소리조차 없는데도 말이다. 자신의 목적을 위한 정치 공략으로 섬사람들을 이용하는 정치인에게도 쓴 소리를 하는 모습을 보며 교육은 나의 변화에서 그치는 것이 아니라 사회 변화까지도 참여해야 한다는 것을 잘 보여주고 있다.

한국에서의 입시 위주의, 나만 성공하면 된다는 입신양명을 최고의 가치로 가르치는 교육 현실을 보며 교육의 본질을 생각하게 한 영화였다.

죽은 시인의 사회

죽은 시인의 사회(Dead Poets Society, 1989)
감독 피터 위어
주연 로빈 윌리엄스, 로버트 숀 레너드, 에단 호크 외

카르페 디엠(현재를 즐겨라). 대사 한 줄로 영화 내용이 집약되는 〈죽은 시인
의 사회〉. 사립 명문고 웰튼 아카데미. 이곳은 아이비리그로 가기 위해 공부
가 인생의 전부로 인식되는 환경의 아이들이 모인 곳이다.

어느 날 영어 선생님 키팅이 부임한다. 그는 기존 교육 방식에서 탈피한 수업
으로 자신의 길을 모색하는 중요성을 강조한다. 아이들은 이에 또 다른 인생
의 가치를 학습해 나가게 되는데. 당시 개봉을 통해 한국 교육 현실에도 적잖
은 시사점을 던져 주었다.

인생을
독특하게 살아라

중학교 1학년 국민윤리 시간. 담당 선생님을 맞이하는 순간 신선한 충격이 일어났습니다.

"교과서를 책상 안으로 집어넣도록."

의아스러웠습니다.

"궁금한 점이 있으면 무엇이든지 물어보도록."

선생님은 아이들의 질문을 칠판 가득 기재한 후 그 중 수업과 관련된 문항을 선택하여 답변을 해 주었습니다. 뭐지. 수업을 뭐 이렇게 한담. 이어지는 숙제.

"어머니에 대해 8절지 한 장 글을 써오도록."

시간이 지났음에도 떠오르는 그분의 모습. 나의 키팅 선생님이었습니다.

〈죽은 시인의 사회〉. 키팅 선생님으로 불리는 주인공의 역할이 인상 깊습니다. 개봉 당시에도 대중들에게 적잖은 이슈를 일으켰었죠. 전통과 규율, 최고를 강조하는 학교에서의 획일화된 교육 시스템의 환경. 그는 남

달랐습니다. 교과서 내용을 찢게 하고, 책상 위에 발을 딛고 올라가 다른 시각을 느껴보게 하는 등 자신만의 수업 방식. 현재를 즐기라고 하면서 다음과 같이 이야기합니다.

"인생을 독특하게 살아라."

현재 중년층 이상의 시각에서 이는 하나의 물음표로 다가옵니다. 그도 그럴 것이 평준화된 교육 시스템의 혜택을 받은 세대이니까요. 학교, 군대, 직장이란 문화에서 중간만 가라는, 튀지 말라는 암묵의 메시지를 받으며 성장하였습니다. 다르게 생각한다는 것에 선생님과 친구들의 따가운 시선을 받았던 기억도 있습니다. 이에 저도 은연중에 튀지 않으려고 아니 다르다는 것에 대한 거부감이 따라왔으니까요.

인간은 개별성의 동물입니다. 부모들에게서 각기의 다른 유전자를 갖고 태어났고 성장 환경도 다릅니다. 생각과 가치관, 선호하는 분야도 다릅니다. 그런데도 우리는 스스로 바라는 목표보다는 사회적 흐름에 따라 '성공'이라는 장르를 따라가며 자랐습니다. 그러다보니 자신이란 존재, 내가 진정으로 무얼 좋아하는지를 모르는 경우도 일어납니다.

키팅 선생님의 수업은 아이들 그리고 동료 교사들에게조차 큰 반향을 불러일으켰습니다. 아이비리그로 대표되는 좋은 대학교의 입학이 최대 과제인 사회에서 그의 다름의 교육 철학은 이질적 시선으로 바라보게 합니다. 결국 한 아이의 죽음과 그에 대한 책임의 원인으로 지목된 그는 학교를 떠나게 되죠.

다름의 명제에 대한 차별로 '사고 모델(mental model)'의 개념을 들 수 있습니다. 1940년대 스코틀랜드 심리학자인 케네스 크레익이 처음 제시하였죠. 이는 우리가 우리 자신과 세상, 조직에 대해, 그리고 그것들에 적응해 가는 방식에 대해 가진 신념, 이미지, 가정을 가리킵니다. 주목할 점은 자신들이 생각한 올바름에 대한 기준을 타인 혹은 집단에게도 당위성을 주장하고 관철하려는 것입니다. 이 개념을 다룬 작품으로 조직 학습과 조직 변화 이론가인 데이비드 허친스의 〈네안데르탈인의 그림자〉가 있습니다.

동굴이 배경입니다. 그곳에 있는 사람들은 단 한 번도 그곳을 떠난 적이 없었습니다. 동굴 입구가 우주의 끝이라고 믿었거든요. 이런 생각이 고착화 되다보니 동굴 밖에는 아무것도 없다, 용과 커다란 미친 괴물이 있다 등으로 절대로 동굴을 떠나면 안 된다는 자신들만의 신념을 받아들이게 됩니다. 그곳이 가장 안전지대라고 여겼던 것이죠. 그들에게는 동굴이 절대적 공간이자 전부인 세상이었습니다. 중요한 것은 이 세상에 대해 아주 조금밖에 모른다는 사실을 깨닫지 못했다는 것입니다. 그들에게는 동굴 안에서 일어나는 일만이 진실이었기에 스스로 만족하며 살았습니다. 현재 우리가 사는 세상에서 좋은 대학을 들어가 의사, 변호사 등 금전적 도움이 되는 직업을 선택하는 것을 최고로 여기는 것처럼 말이죠.

그러던 어느 날 한 사람이 다음과 같은 말을 무심코 내뱉습니다.

"동굴 밖에 뭐 있는지 궁금하다."

궁금증 혹은 호기심은 인간이 새로운 세계를 창조할 수 있는 원동력이 됩니다. 현재 처해 있는 환경이 전부가 아니라는, 또 다른 세계가 있을 것이라는, 불확실성에도 불구하고 한 발 더 걸어가게 만드는. 물론 이 같은 사고는 다수가 아닌 소수가 해왔습니다. 거기에는 영화에서처럼 남들과 다름을 인식하고 나아가야 하는 용기가 필요했기에 그렇습니다.

그 말을 들은 동료들이 그를 회유하고 협박-자신들이 믿는 신념이 거짓이라는 두려움으로 나타날까봐-을 하자 그는 다음과 같이 이야기합니다.

"우리가 진짜를 못 보고 있다면 어떡할래?"

여러분들이라면 이 말에 어떤 반응을 보였을까요. 동료들은 당혹감에 화를 내기 시작하고 적대시합니다. 미쳤다고도 이야기를 합니다. 결국 그들은 그를 동굴 밖으로 쫓아내게 되고 당사자는 또 다른 세상을 마주하게 됩니다.

현대인의 자화상과 교육 현장의 민낯을 드러냈던 TV 드라마 〈스카이 캐슬〉. 장면 중에 다음과 같은 대사가 있었죠.

"자식을 망가뜨리고 가족을 파괴하는 건 내가 아니라 그 부모들입니다. 나도 묻고 싶어요. 도대체 왜 그렇게 의대, 의대 하는지. 서울 의대에 합격하면 성공과 행복이 담보되는지."

인간은 자신이 받아들여졌던 세상과 다른 의견 혹은 모습을 접하게 되었을 때 순응하는 존재가 아닙니다. 당연하다고 믿고 생활해왔던 패턴 혹은 가치관의 붕괴를 염려하기 때문이죠. 그렇기에 개별성보다는 획일화와 한 방향으로의 정렬을 주장합니다. 일종의 사회질서와 통합이라는 명분 때문이죠. 이에 길들여진 대중들은 그것이 당연하다고 받아들여지기도 하고요.

하지만 기억하였으면 합니다. 우리가 사는 세상은 공통분모가 아닌 다름과 독특성에 의해 발전되어지고 진화되어 왔다는 역사를. 물론 여기에는 영화 속 키팅 선생님과 같은 남다른 존재의 역할이 필요했다는 사실이 있습니다.

수레바퀴 아래서
책상 위로

Nothing

영화 〈죽은 시인의 사회〉의 주 무대인 웰튼 아카데미는 100년이 넘는 유구한 역사와 함께 매해 졸업생 중 75%가 넘는 학생들을 아이비리그(미국 북동부 지역의 8개 사립대학인 하버드, 예일, 펜실베이니아, 프린스턴, 컬럼비아, 브라운, 다트머스, 코넬 대학교를 통틀어 부르는 말)에 진학시킬 정도로 뛰어난 사립 명문학교다. 다만 진학률을 너무 중시했기 때문일까? 학교에서는 전통, 명예, 규율, 최고의 4가지를 내세우고 있는데, 이 안에서 학생들은 개인의 꿈과 희망보다는 명문대 진학을 위한 공부하는 기계로 육성되고 있었다.

웰튼 아카데미의 학생 중 하나였던 닐 페리(로버트 레오나드 분) 또한 마찬가지였다. 하지만 그의 가슴속에는 억누를 수 없는 젊은 혈기가 솟구치고 있었고, 자신이 진정 원하는 것을 찾기 위해 야생마처럼 질주하곤 했다. 그러던 중 우연히 연극 오디션에 응모하게 되고, 연기를 통해 그토록 찾던 자신의 꿈을 발견하게 된다. 하지만 엄격함과 권위의 대명사와도 같았던 그의 아버지는 아들의 선택을 수긍하지 못한 채 그에게 이렇게 소리친다.

"넌 하버드에 들어가서 의사가 되어야 해. 너는 내가 꿈도 꾸지 못한 기회를 가진 거야. 시간을 낭비하게 할 수 없어."

왜 아버지는 아들의 바람을 외면한 채 자신의 선택을 강요하는 걸까? 물론 의사는 전 세계적으로 상류층에 속하는 직업이며, 돈은 물론 명예까지도 얻을 수 있다. 그렇기 때문에 아버지는 의사(하버드 출신이라면 더 말할 것도 없다)가 되는 것만으로 인생을 편히 그리고 고귀하게 살아갈 수 있다고 생각했기 때문에 아들의 꿈을 받아들이지 않았던 것이다.

하지만 페리는 이해는 할지언정 동의하지는 않는다. 머리로는 어느 정도 받아들일 수 있을지 몰라도 뜨거워진 가슴까지 식힐 수는 없었기 때문이었다.

그는 자신도 모르게 그리고 처음이자 마지막으로 저승사자와도 같은 아버지에게 항변하려 한다. 하지만 안타깝게도 입에서는 그 어떤 말도 나오지 않는데, 그럼에도 그가 간신히 내뱉는 말은 바로 'Nothing'이었다. 이 말은 영화 내내 참으로 가슴 아프게 다가오고 있다.

수레바퀴 아래서 책상 위로

헤르만 헤세의 저작 《수레바퀴 아래서》의 주인공 한스 또한 방황하는 청춘이다. 그는 아버지를 비롯한 교장 선생님, 성직자 그리고 마을 사람들의 관심과 기대를 저버리지 않은 채 열심히 공부하여 마침내 원하던 도시의 유명 신학교에 무사히 입학하게 된다. 하지만 같은 기숙사의 동료이자 시인이기도 했던 헤르만과 엮이게 되며 한스의 생각과 행동은 달라지게 된다. 오로지 목표만 바라보며 달려왔던 삶이 혼란의 소용돌이로 빠지기 시작한 것이다.

'수레바퀴'는 중의적 의미를 담고 있다. 원형의 형태를 지닌 수레바퀴는 결코 멈춰서 있으면 안 된다. 쉼 없이 돌아가야만 하고, 그럼으로써 최종적으로는 반드시 목표 지점에 도달해야만 한다. 이는 마치 산업혁명의 핵심 키워드인 증기기관을 연상시킨다. 끊임없이 움직이고 작동함으로써 무언가를 계속해 만들어 내야만 하는 그런 이미지 말이다. 그리고 수레바퀴 아래에는 사람들이 모여 있는데, 바로 노동자 계급이다. 인생의 행복이나 의미보다는 쉴 새 없이 일해야만 하는, 그래서 우울하고 힘겨우며 고통스러운 삶을 살아갈 수밖에 없는 그런 계층의 사람들이 수레바퀴 아래에 위치하고 있다.

"제발 지치지는 말게. 안 그러면 수레바퀴 아래 깔리게 될 테니까."

방황하는 한스에게 신학교 교장선생님은 위와 같이 말한다. 신분 상승을 위해 죽을 듯이 달리지 않는 한 수레바퀴 아래의 삶을 살아갈 수밖에 없을 것이라는 암묵의 협박이나 다름없다. 하지만 한스는 굴하지 않는다. 자신의 의지를 관철시킨 채 결국 자신의 고향으로 돌아간다. 자신의 내면이 원하는 자연 속의 삶을 살아가기 위해서 말이다.

『수레바퀴 아래서』의 저자인 헤르만 헤세 또한 실제 신학교를 중퇴했다고 한다. 한스를 통해 헤세가 강조하고 싶어 했던 이야기는 삶을 수레바퀴 아래와 위로 나누는 이분법적 세계를 벗어나, 자신이 진정 원하는 삶을 시작하라는 메시지일 것이다.

영화 〈죽은 시인의 사회〉 마지막 장면에서 존 키팅 선생은 학생들을 선동했다는 이유로 학교에서 쫓겨나게 된다. 하지만 학생들은 떠나는 키팅 선생에 대한 미안함과 죄스러움, 고마움과 존경심의 마음이 뒤섞여 괴로워한다. 그러다 결국 어느 순간 학생들 마음속에 존재하던 '죽은 시인'의 열정이 화산 폭발하듯 그대로 표출된다.

"오, 캡틴, 마이 캡틴!"

『수레바퀴 아래서』의 한스가 어느 순간 수레바퀴 아래를 벗어났듯, 학생들 또한 책상 위에 올라서며 이 세상 어른들이 만들어 놓은 질서를 그대로 따라가진 않겠다는 확고한 의지를 보여주는 순간이다.

의사나 신학자가 된다고 해서 반드시 수레바퀴 위의 삶을 살아가는 것은 아니다. 사실 수레바퀴는 자본주의가 만들어 놓은 환상이라 할 수 있다. 우리는 생긴 대로, 마음이 가는 대로 사는 것이 옳다 할 수 있다. 이것이 바로 우리의 태어난 이유이자, 살아가는 목적이기 때문이다.

만약 당신의 머릿 속에 수레바퀴가 존재하고 있다면, 당장 그것을 지워버리길.

꽃길만
걷는 삶

"인생을 독특하게 살아라."

누군가 당신에게 이렇게 말한다면 어떤 생각이 드는가? 나라면 "독특하게 사는 게 어떤 건데? 남과 다르게 사는 걸 말하는 거야?"라고 되물을 것 같다. 어떤 이는 "평범한 게 최고지. 평범하게 사는 것도 어려워."또 어떤 이는 "독특하게 살고 싶지. 그런데 그거 고생하는 거 아니야?"라고 도 하겠다.

영화 〈죽은 시인의 사회〉의 키팅 선생님은 학생들에게 현재를 즐기라며 카르페 디엠을 외치고 인생을 독특하게 살라고 한다. 미국의 전통 있는 명문 고등학교 학생들은 처음 들어보는 말이다. 명문대학 진학이 목표인 부모에 의해 주입되고 키워진 학생들에겐 신선하고 가슴 뛰는 말이었을 수 있다. 입시 위주의 획일화된 교육, 의사, 변호사, 은행가의 자제로 구성된 학생들…. 한국에서 안 본 사람이 없을 정도의 인기를 누렸던 드라마 〈스카이 캐슬〉이 자연스럽게 생각난다.

키팅 선생님의 수업은 여러모로 독특하다. 자신을 '오 선장님! 나의 선장님'으로 불러도 좋다 라고 하고, 시와 관련된 교재의 서문을 찢어서 휴지통에 버리도록 한다. 영어 과목, 즉 국어 과목 수업인데 운동장에 나가 걸어보라고 시키기도 하고 축구공을 차며 시의 한 구절을 소리 높여 외치라고도 한다. 심지어 교탁 위에 올라가 세상을 보라며 "어떤 사실을 안다고 생각할 때 그것을 다른 시각에서도 봐야 해. 바보 같고 틀린 일처럼 보여도 시도를 해봐야 해." 라고 말하고 학생들에게도 교탁 위에 올라서 보게 한다. 학생들의 가슴에 불을 지른다.

아마 키팅 선생님이 고대 그리스 시대에 태어났다면 소크라테스처럼 사약을 받고 처형을 당했을지도 모르겠다. 젊은이들을 선동한 죄로 말이다.

영화의 시대적 배경인 1959년은 미국 사회의 혼란기였다. 히피 문화가 생겨나고 반항적 성향이 짙은 로큰롤이 유행하고 로자 파크와 마틴 루터 킹에 의해 생겨난 인권운동도 있었기 때문이다.

하지만 웰튼 사립학교는 100년의 역사를 지니고 있는 것이 아니라 100년 동안 시간이 빗겨간 것처럼 변한 것이 없어 보였다. 경제적으로 풍족하지 못한 집안에선 명문대학의 의과대학을 진학해서 장래를 보장받으려고 무리해서 학교에 진학시키지만, 아들은 의사보다는 연극을 하며 살고자 한다. 마치 짜기라도 한 것처럼 부모들의 대사는 한결같다.

"취미로 해라."

안정적인 삶을 보장하는 직업을 갖기 위해 명문대 진학이 답인 시절이 있었다. 지금도 마찬가지라고 생각하는 사람도 분명 존재한다. 그런 의미에서 "꽃길만 걸으세요."라는 말이 축복의 말인 것을 보면 풍파나 위기 없이 사는 삶을 추구하는 것이 당연한 걸까? 꽃길만 걷기 위해선 경제적 안정은 필수이고 남들보다 우위에 서야 하는 삶이어야 가능하다. 독특한 삶을 살면서 안정적인 삶이 동시에 가능하다면 좋겠지만 그러긴 쉽지 않을 것 같다.

　키팅 선생님은 독특한 삶을 살았을까? 그렇지 못해서 학생들에게 독특한 삶을 살라고 했을까? 키팅 선생님도 웰튼 고등학교 선배이니 거의 비슷한 교육을 받았을 텐데 학창시절 비밀 모임을 만들고 시를 낭송했다고 했다.

　키팅 선생님은 학교 교육의 변화를 시도했지만 학생들에게 작은 불씨 하나를 던져주고 결국 쫓겨나게 된다. 영화는 거기서 끝이 나서 이후는 관객의 몫으로 남겨 두었다.

　만약 한국에 키팅 선생님과 같은 선생님이 있다면 어땠을까 상상하게 된다. 소심한 학생에게 눈을 감고 감정을 부치기며 느낌을 말하게 하는 장면은 시란 가슴을 뜨겁게 하면 저절로 나오는 것이라는 걸 알게 한다. 교과서 서문의 내용인 훌륭한 시란 정의도 시를 오디션처럼 점수를 준다는 것으로 비유하며 찢어버리라고 한다. 선생님이란 지식을 전달하는 사람이 아니라 학생들의 발견하지 못한 가능성을 스스로 찾을 수 있게 하는 사람이고 자기만의 시각을 가질 수 있게 하는 사람이란 걸 보여주는 영화였다.

슬픈 것은 영화가 개봉되었던 1989년이나 지금이나 감동을 준다는 것인데 교육 현실이 크게 달라지지 않았기 때문은 아닐까? 아이들에게 꽃길만 걷길 바라지 말고 자갈길이든 꽃길이든 본인이 선택한 길을 걷게 하자. 그것이 행복한 길이다. 자신만의 길을 개척하는 것이 결국 독특한 삶을 사는 길이라는 생각이 든다.

리틀 트램프 탄생 101주년
MODERN TIMES
찰리 채플린
모던타임즈
a film by CHARLES CHAPLIN
mk2 2015.03 웃음은 영원하다 • 디지털 리마스터링 대개봉

모던타임즈

모던 타임즈(Modern Times, 1936)
감독 찰리 채플린
주연 찰리 채플린(공장 노동자 역), 파울레트 고다드(집 없는 아이 역)

공장이 세워지고 수많은 기계가 돌아가던 산업혁명 시절. 그때 우리가 살았더라면 어떤 모습이었을까? 마치 소모성 기계부품처럼 인간이 쓰이던 그 시절의 아픈 모습을 소위 웃프게 재현한 영화 〈모던 타임즈〉는 위대한 배우 찰리 채플린의 뛰어난 연출과 연기 덕분에 반짝반짝 빛이 난다. 산업혁명 시대를 이해하기 위해서는 꼭 봐야 할 명작 중의 명작.

심리편

멀리 가려면
함께 가야 한다

오래전 극장에서 〈모던 타임즈〉를 보았던 기억이 있습니다. 찰리 채플린이라는 희극 명배우의 작품을 본다는 점에서도 설레었지만 무엇보다 내용이 시사하는 바가 인상 깊었습니다. 산업화 이후 현대인의 상실된 삶의 현실을 투영하였기 때문이죠.

이후 다시 들여다본 영화. 당시 눈여겨 보이지 않았던 장면들이 눈에 밟힙니다. 후반부부터 이어지는 여주인공 개민과의 만남. 상대를 위하는 애틋한 마음과 위로, 사랑. 그리고 세상을 걸어가는 함께 라는 길.

현대인의 삶은 영화의 내용과 별반 다르지 않아 보입니다. 일자리 구직, 직장, 정해진 월급을 받고 현실을 꾸려나갑니다. 그 과정에서 기계 부속품처럼 소모적인 역할, 과다한 노동시간, 실직, 재취업 등의 과정을 겪기도 하지요. 중요한 점은 혼자만의 극복이 아닌 타인과의 동행에서 이루어내는 인생의 전환점임을 영화는 깨우쳐 줍니다. 힘든 환경 속에서 두 사람은 인연이 되고 서로의 처지와 현실을 이해하며 나아갑니다. 하지만 번번이 꼬이기만 하는 상황, 미래의 암담함에 개민은 채플린에게 자조적 질문을 던지죠.

"살려고 노력한들 무슨 소용이 있죠?"

나이를 먹어가며 인생이라는 단어를 실감하고 있는 작금. 이 대사는 적잖은 공감을 일으키게 합니다. 삶이라는 것이 개인 욕심이나 목표에 의해서 이루어지기도 하지만, 그렇지 않은 것들이 더 많음을 실감하니까 말이죠. 그럴 때면 저도 그녀처럼 넋두리를 늘어놓습니다. 바라는 꿈, 소망들이 꺾일 때면 믿는 신에게 원망하기도 하죠. 이에 대해 채플린은 어떤 반응을 보였을까요.

"기운을 내요. 포기해선 안 돼. 우린 잘 해나갈 수 있어!"

메타세쿼이아 나무를 보신 적이 있을 겁니다. 늠름하게 하늘을 향해 쭉 뻗어 있는. 침엽수로 추운 지방이 고향이죠. 차가운 온도와 거센 바람이 몰아치는 곳. 나무조차 생존하기에 벅찬 곳에서 이들은 살아남을 방법을 고민했습니다. 그래서 혼자가 아닌 연대라는 방법을 선택합니다. 외적인 어려움을 같이 견디고 뿌리는 갈고리처럼 서로 연결하여 어떤 어려움에도 쓰러지지 않게 하였던 거죠. 혼자가 아닌 우리라는 단어의 힘을 보여주는 예시입니다.   ,

마지막 장면. 두 사람은 손을 꼭 잡으며 앞을 향해 나아갑니다. 연대의식이 어려운 현실을 극복하는 요소가 될 수 있다는 사실을 영화는 제시하고 있습니다.

끝을 알 수 없는 코로나 상황에서 자영업자의 폐업, 실직의 문제 등 미래의 암울함이 가슴을 옥죕니다. 이런 상황에 우리가 해야 할 우선 과제는 무엇일까요. 〈월스트리트 저널〉을 통해 W. 브래드포드 윌콕스 버지니아대 교수는 하나의 해답을 제시합니다.

'정신적 충격과 경제적 혼란 속에서 남편과 아내들은 얼마나 배우자를 사랑하며 그에게 의존하는지 새롭게 깨닫게 될 것이다. ⋯. 시련의 시기에 대부분의 사람들은 더 이타적이 된다. 어렵고 어두운 시대를 헤쳐 나가기 위해선 가족이 얼마나 필요한지 절실히 깨닫게 되기 마련이다.'

전화 상담을 하다보면 우울증에 시달리는 이들을 대하곤 합니다. 여러 번의 자살 시도를 아무렇지 않게 이야기하는 이도 있습니다. 그런 분들이 때론 망설임으로 수화기를 듭니다. 해결책을 구함도 있지만 누구에게도 털어놓기 힘든 자신의 이야기를 나누고 싶기 때문입니다. 토닥여 주며 손을 내미는 또 다른 가족의 역할인 상담자와의 심리적 연대감. 그를 희망으로 이끄는 손길이 됩니다. 자신을 향한 누군가의 믿음, 신뢰가 있을 시 우리의 어려움은 좀 더 쉽게 이겨낼 수 있습니다. 이것이 함께 라는 힘의 효과이지요.

돌아봅니다. 나의 곁에는 지금 누가 있을까요. 가족, 연인, 친구, 아니면⋯.

찰리 채플린의
짠내 나는 산업혁명 분투기

전속력이 최고의 미덕

영화 시작과 함께 화면에는 큰 시계가 클로즈업되고 있다. 초침이 바쁘게 돌아가며 곧 6시를 향해 다가가고 있다. 아침 6시일까 아니면 저녁 6시일까? 의문은 곧 풀린다. 다음 화면에 소떼 무리가 등장하고, 이어서 지하철역 입구에서는 수많은 사람들이 쏟아져 나온다. 자세히 보니 출근 중이다. 정시 출근을 위해 공장으로 바쁜 걸음을 재촉하는 사람들. 몰려가는 모습만 봐서는 소떼 무리나 사람들이나 사실 별 차이점이 느껴지지 않는다.

"이것은 산업화되어가고 있는 각박한 사회 속에서 행복을 찾으려 노력하는 사람들의 이야기이다."

영화 〈모던 타임즈〉는 산업혁명으로 촉발된 초기 자본주의 시대를 살아가는 사람들의 모습을 다소 암울하고 풍자적으로 그리고 있다. 18세기 말 영국으로부터 시작된 산업혁명은 혁명이란 단어가 사용된 것처럼 우리가 살던 세상을 그야말로 혁명적으로 바꾸어 놓았다 할 수 있는데, 그

중 가장 큰 부분은 역시나 산업분야라 할 수 있을 것이다. 인류가 지구상에 모습을 드러낸 후 인간의 먹거리를 해결시켜 준 것은 농업이었다. 기원전 1만 년 전부터 시작된 농업은 17세기까지 엄청난 기간을 인류와 함께 했고 떼려야 뗄 수 없는 불가분의 관계로 자리 잡았다.

하지만 증기기관의 발명으로 촉발된 산업혁명은 단번에 농업을 우리 삶의 변두리로 밀어내 버리며 산업의 중심부를 차지해 버렸다. 그 결과 평생을 농업에 종사했던 농민들조차 그들의 일터였던 농지를 버리고 도시에 위치한 공장으로 몰려들기 시작했다. 농민의 신분에서 공장 근로자, 소위 공돌이로 변모한 것이다. 여기에는 더 이상 농업만으로는 먹고 살기 힘들어진 시대상이 반영되었기 때문인데, 이들의 바람은 오직 하나였다. 그저 먹고사는 걱정만 안 하고 살 수 있었으면 좋겠다는 작은 소망, 바로 그것이었다.

빨리, 더 빨리, 속도의 경제학

그러나 삶은 기대대로 흘러가지 않았다. 당시 공장 노동자들은 적은 급여를 받으면서도 하루 15시간 이상을 일해야만 했다. 대체 왜 이토록 오랜 시간을 일해야만 했을까? 제품 주문이 밀려서? 아니면 야근을 통해 보다 많은 돈을 벌기 위해서? 물론 둘 다 맞는 말이긴 하다.

하지만 진짜 이유는 따로 있었다. 그것은 바로 노동자들을 많이 일하게 하면 할수록 자본가에게 보다 더 많은 이익이 돌아가기 때문이었다. 즉 노동시간과 자본가의 이익이 비례 관계에 있었기 때문인데, 당시 이러한 자본주의 구조를 제대로 꿰뚫어 본 사람이 바로 칼 마르크스(Karl Marx, 1818년~ 1883년)였다. 그는 자신의 역작인 『자본론』을 통해 당시 노동환경의 문제점을 제대로 파악하고 분석했는데, 그의 주장을 조금 쉽게 풀어보자.

* 상품 가격 = 재료비 + 인건비 + 이윤(자본가)

공장에서 만드는 상품의 가격은 일반적으로 재료비와 노동자들에게 지급해야 할 인건비, 그리고 자본가에게 돌아가는 이윤으로 구성된다. 여기서 이윤을 제외한 상품의 가격을 마르크스는 정상적 가치라 보았다. 즉 노동자들의 땀과 수고에 의해 만들어진 노동가치라 본 것이다.

하지만 이윤을 제외할 경우 자본가에게 돌아가는 것은 아무것도 없다. 그러니 당연히 자본을 투자한 자본가들에게도 돌아가는 몫이 있어야만 했고, 그것이 바로 이윤이었다. 마르크스는 이를 잉여가치라 표현했는데, 자본가들은 자신들의 몫인 잉여가치를 높이기 위해 여러 다양한 방법을 고민하고 시도하게 된다.

자, 한번 생각해 보자. 만약 여러분들이 자본가라면 어떤 식으로 잉여가치를 높일 수 있을까? 가장 쉬운 방법은 노동자들을 더 많이, 더 오랫동안 일하게 하는 것이다. 인건비는 고정시킨 채 보다 많은 노동을 하도록 강제하면 더 많은 상품의 생산이 가능해지고, 그 수가 늘어날수록 자본가에 돌아가는 이윤 또한 많아지게 된다. 그렇기 때문에 자본가들은 노동자들을 오랜 시간 일하도록 강요한 것이다. 하지만 자본가들의 욕심은 여기서 그치지 않았다. 또 다른 방법을 찾았는데 그것이 바로 속도였다. 즉 동일 시간 동안 작업 속도를 더 빠르게 만듦으로써 생산량을 늘렸던 것이다.

영화 〈모던 타임즈〉에 등장하는 악덕(?) 사장은 힘깨나 쓰게 생긴 직원에게 다음과 같이 지시한다.

"5조 속도를 더 높여. 401로."

"5조 속도를 더 올려. 407로."

그리고 늦은 오후 시간 마지막으로 또 다시 지시를 내린다.

"5조 조원들을 최고 속도로!"

속도를 높이기 위한 방법은 여기서 그치지 않는다. 어느 기계제작회사에서 사장에게 '벨로우즈 급식기'라는 기계를 선보이는데, 영업사원은 이 기계에 대해 다음과 같이 설명한다. "작업 중 공원들의 식사를 도와주는 기계로서 (빠른 식사를 통해) 점심시간을 줄여 다른 경쟁자들을 앞지를 수 있으며, 생산을 증가시키는 한편 경비까지 절감할 수 있습니다."

그리고 사장 앞에서 시연까지 선보이는데 가엾은 우리의 주인공 찰리 채플린이 실험 대상자로 끌려나온다. 그리고 이어진 실험. 결과는 말할 필요도 없이 대실패!

이렇듯 속도를 높이기 위해 고안한 수많은 방법들, 더 나아가 생산효율을 높이기 위한 다양한 시도들을 경영학에서는 '과학적 관리법'이라 표현하고 있다. 프레드릭 테일러(Frederick Taylor, 1856년~1915년)의 과학적 관리법이 대표적이라 할 수 있다.

하지만 사실 용어가 뭔가 있어 보이는 것일 뿐, 이는 나쁘게 본다면 노동자들을 착취함으로써 자본가들에게 보다 많은 이익을 가져다 주기 위한 방법이라 할 수 있다. 즉 여기에는 노동자를 사람으로 보는 것이 아닌,

마치 기계 혹은 부품으로 생각함으로써 오로지 생산성을 높이기 위한 수단으로 이용되었다 볼 수 있다.

공장에서 너트 조이는 일을 하던 채플린은 쉬는 시간뿐 아니라 일상생활에서조차 너트만 보면, 혹은 너트 모양만 보면 조이고자 하는 직업병(!)에 시달리게 된다. 영화에서는 그 모습을 다소 우스꽝스럽게 풍자하고 있다. 그리고 결국에는 정신병자로 몰려 정신병원에 갇히게 되는데, 개인적으로 급식기계 시연과 더불어 가장 짠한 장면이 아닐 수 없었다.

당연히 지금의 노동환경은 과거 산업혁명 시절과는 비교가 안 될 정도로 좋아졌다고 볼 수 있을 것이다. 하지만 그렇다고 해서 자본주의 구조 자체가 바뀐 것은 아니다. 여전히 자본가와 노동자 간의 갑을 구조는 계속해 이어지고 있기 때문이다. 1970년대 한국의 노동 문제를 꽤 비장하게 거론했던 소설 『난장이가 쏘아 올린 작은 공』에서 난장이들이 힘겹게 쏘아 올린 작은 공은 지금 어디쯤 가고 있을까? 과연 꿋꿋이 잘 가고 있는 중일까?

욜로,
인생은 한 번뿐이다

"열심히 일한 당신, 떠나라."

많이 들어보았을 것이다. 2002년 현대카드 광고 문구다. 벌써 20년 전이다. 현대카드가 새롭게 시장에 진입하며 만들어냈다. 지금은 노래 제목도 있고 여행 관련업계에서부터 정치적으로도 사용되고 있으니 성공한 문구다.

2005년 현대카드는 "아버지는 말씀하셨지 인생을 즐겨라." 라는 광고 카피를 만들었다. 현대카드로 소비하며 인생을 즐기라는 메시지이지만 왠지 아버지가 말씀하셨다고 하니 멋진 아버지 같다는 생각이 들었다.

2011년 Drake의 〈The Motto〉라는 곡에 욜로(yolo, You Only Live Once, 인생은 한 번뿐이다)를 사용했고 전 세계적으로 유명해졌다. 이제는 '현재 행복을 가장 중시하는 소비 태도' 전체를 이르는 말이 되었다. 이마저도 10년 전이다.

2002년 "열심히 일한 당신 떠나라." 라고 했을 때, 사람들이 "열심히 일했는데 왜 떠나요?"라고 반문했다고 한다. 그 당시에는 주5일 근무도 반대했는데, 주5일 근무를 하면 경제가 망한다고 생각했기 때문이다. 근면 성실하게 일하는 것이 권장되고 소비보다 아껴서 저축해야 한다고 배웠으니 당연한 반응이다.

열심히 일하는 것을 당연하게 생각했으니 게으름은 죄악이라고 여겼다. 그래서 산업사회가 되고 하루 15시간 일하는 것을 노동 착취라고 생각하지 않았다. 영화 〈모던타임즈〉는 세계대공황 시절에 만들어진 영화답게 대규모 실직, 산업화의 모습을 여실히 보여준다. 마치 기계의 한 부품처럼 똑같은 동작만을 반복하는 모습이나 그마저도 효율적으로 사용하라고 식사시간을 줄여주는 기계를 시범 사용하며 풍자하고 있다. 같은 동작의 반복은 결국 일을 하지 않을 때도 마치 틱 장애처럼 몸을 움직이게 만든다.

산업화사회에서 일할 수 있는 시간과 노동력은 정해져 있으니 중요한 것이 시간이다. 농경사회에선 해가 뜨고 지는 것으로, 봄 여름 가을 겨울, 계절의 변화에 맞춰 일하면 충분했다. 공장에 가서 일하는 시간에 따라 임금을 받으려면 얼마만큼 일했는지 측정 가능해야 했다. 시계의 발명과 보급은 14세기 영국에서 시작되었고 18세기 무렵엔 중산층 시민들에게까지 널리 퍼졌다. 미국의 테일러는 스톱워치까지 도입해서 불필요한 동작을 없애면서 생산량을 늘릴 수 있는 방법을 제시했다. 물론 테일러는 노사협동, 분배까지 중요하다고 했지만 경영자는 자신에게만 유리하도록 적용했다. 다이너마이트가 살상용 무기로 사용될 줄 몰랐던 노벨처럼 테일러 자신의 이론이 경영자의 논리로만 사용될 줄 몰랐을 것이다.

그래서였을까. 영화 초반에 회사 대표가 신문을 보는 장면이 있다. 1면 전체에 [타잔] 만화가 실려 있다. 영화 〈모던 타임즈〉의 여자 주인공이 등장하는 첫 장면은 배 위에서 칼로 바나나를 하나씩 떼어내어 동생들에게 던지는 장면을 보여준다. 원피스의 밑단은 너덜너덜하고 발은 맨발이다. 마치 타잔처럼. 아니면 제인일까. 경찰에게 잡혀가는 여주인공을 채플린이 구해내니 채플린은 타잔일 수도 있겠다. 채플린은 산업화의 한 가운데에서 벗어나 제인과 함께 밀림의 왕자 타잔처럼 자유롭게 살고 싶었던 것은 아닐까.

"이것은 산업화되어 가는 각박한 사회 속에서 행복을 찾으려 노력하는 사람들의 이야기이다."라는 영화 시작과 함께 나오는 자막이 '타잔'이 되고 싶었던 채플린의 마음 같다.

주5일 근무가 당연하고 '욜로'와 '소확행(소소하지만 확실한 행복)'을 외치며 놀기 위해 일하는, 아니 일하지 않고 놀기를 바라는 시절이 되었다. 김현수 저자의 『중2병의 비밀』에 나온 것처럼 게으름은 악이라고 말하는 부모와 창조의 원천이라고 말하는 아이들. 2022년 주5일 근무, 등교를 없앤다고 하면 말도 안 된다고 할 것이다.

PART 5

죽음,
좋은 죽음을 준비한다는 것

너의 췌장을 먹고 싶어

〈너의 췌장을 먹고 싶어(I want to eat your pancreas)〉 2018
감독 우시지마 신이치로
주연 타카스기 마히로(나 목소리 역), 린(사쿠라 목소리 역)

호러 영화 제목 같은 〈너의 췌장을 먹고 싶어〉는 영화를 다 보고 나면 어떤
사랑 고백보다 절실한 표현임을 알게 된다. 우연히 '공병문고'인 사쿠라의 일
기장을 보고 사쿠라의 죽음을 가족 외에 유일하게 알게 된 하루키. 서로 다른
성격으로 더 끌리게 되고 얼마 남지 않은 시간 동안 사쿠라의 버킷리스트를
실천한다. 잘 죽는다는 것과 잘 사는 것이 같은 것임을 알게 해 주는 영화다.

심리편

connect

"먼일이래?"

눈물을 훔치며 코를 훌쩍거리는 나에게 마눌님이 한마디를 합니다. 제목이 섬뜩해 기대를 하지 않고 보았던 영화 한 편이 울림을 주네요.

김춘수 시인의 작품 〈꽃〉의 서두는 이렇게 시작이 되지요.
'내가 그의 이름을 불러 주기 전에는 그는 다만 하나의 몸짓에 지나지 않았다'
여기 서로의 이름을 애타게 부르는 이들이 있습니다. 오늘의 주인공 하루키와 사쿠라. 영화는 같은 반 동료인 두 사람의 우연한 만남에서 비롯됩니다. 그런데 그 만남이 애틋합니다. 소녀가 시한부 인생을 살고 있고 그 사실을 가족 이외에는 유일하게 하루키가 알았기 때문입니다.

어머니가 떠올랐습니다. 임종을 보지 못한 채 의사에게서 받아든 사망 진단서. 거기에는 어머니의 사망 시간, 사유가 기재되어 있습니다. 아등바등 삶을 붙들고 살아온 한 사람의 존재가 종이 한 장으로 대변되는 사실. 슬펐습니다. 화장火葬으로 장례를 치른 이후 나의 손에는 나무통 안에 담겨 있던 하얀 가루가 쥐어집니다. 따뜻합니다. 인간이 이렇게 작은 공간에 머물 수도 있다니….

　죽음을 맞는 혹은 이를 대면하는 주변인. 모두 숙연합니다. 가보지 않은 세계이기 때문입니다. 호스피스계 개척자이자 정신과 의사인 퀴블러로스는『죽음과 죽어감』저서에서, 죽음을 통보받은 인간의 감정 변화를 다섯 단계로 구분하였습니다. 부정-분노-협상-우울-수용. 단계는 바뀔 수 있지만 당사자 대부분은 이 같은 심리적 변화를 맞습니다. 그렇기에 한 인간의 죽음을 통해 우리는 그가 어떤 삶을 살았는지 들여다볼 수 있는 기회를 찾기도 합니다.

　영화 속 여주인공의 표정은 너무나 해맑아 보입니다. 자신이 처한 현실을 받아들임, 인정을 하였기 때문일까요. 물론 그 맑음이 너무나 시려 가슴이 아려오기도 하지만 마지막 순간을 맞는 그녀의 일상은 저의 오늘을 돌아보게 합니다.

　소년은 그런 소녀가 이해되지 않습니다. 머지않아 죽는다는 아이가 어떻게 저렇게 살 수 있지. 그래서 결국 가슴속 품고 있었던 질문 하나를 내밉니다.

　"너에게 있어… 산다는 건 어떤 거야?"

　어떤 대답을 하였을까요.

　"누군가와 마음을 나누는 일…."

　'생명의 전화'라는 기관이 있습니다. 생소한 분도 있겠지만 서울 한강 다리에 설치된 전화기라면 알아채는 분도 있을 거예요. 생을 포기하려는 이들에게 삶의 끈을 다시 이어주는 역할을 하는 곳입니다.

이곳에서 저는 전화상담 봉사를 하곤 합니다. 걸려오는 사연의 내용은 다양합니다. 자신의 일상을 푸념 삼아 이야기하는 분, 시어머니 흉을 보기도 하고, 애인과의 시시콜콜함도 쏟아냅니다. 처음에는 설립 목적과는 다르게 이런 내용들을 듣고 있는 것이 이상하기도 하였습니다. 어쩌면 정말 다급한 분들이 찾을 때 연결이 되지 않을 수도 있기 때문입니다. 하지만 시간이 지나면서 알게 되었습니다. 이 전화 매개체가 누군가에는 사랑방 역할을 할 수도 있음을.

자신의 이야기를 들어줄 상대를 찾아 그들은 버튼을 누릅니다. 상담자는 애환을 듣고 때론 친구의 느낌으로 공감과 맞장구를 쳐 줍니다. 그러기에 통화가 끝난 후 "속이 시원하다, 스트레스가 풀렸다"라고도 합니다. 이런 그들의 내면에는 세상에 자신이 혼자가 아니라는 속뜻이 담겨 있습니다. 인간은 관계를 맺고 연결을 지으려는 속성을 가지고 있기 때문입니다.

혼자만의 고민을 간직했던 사쿠라도 마찬가지입니다. 하루키를 만나서 삶의 의미를 가지게 됩니다. 마음을 나누었기에.

코로나19로 인해 우리에게는 공통의 결핍 욕구가 생겼습니다. 사람을 만나지 못하고 모임을 가지지 못한다는 것. 이로 인해 음식을 먹고 차 한 잔을 앞에 두고 소소한 이야기들을 나누는 일상의 소중함을 깨닫게 되었습니다.

서울대 언론정보학과 이재현 교수는 말합니다.

"인간은 소외될 경우 강한 충격을 받기에 관계에 집착하는 성향을 보여준다. 가장 가혹한 형벌은 독방에 가두는 것이다."

"너의 췌장을 먹고 싶어."

이게 무슨 말일까요. 췌장을 먹고 싶다니. 사쿠라는 누가 먹어주면 영혼이 그 사람 안에서 계속 살 수 있다고 말합니다. 그녀의 감추어둔 마음을 엿볼 수 있는 대사이지요. 외모와 성품으로 학교에서 인기 짱인 그녀. 그렇기에 누구도 그녀가 시한부 삶을 살고 있다고는 짐작할 수 없습니다. 하지만 정작 본인은 자신의 고통을 남에게 알리기 싫어 혼자서 이를 감내하며 눈물에 젖었었죠. 그런 그녀가 우연찮게 자신의 비밀을 알게 된 하루키에게는 손을 내밉니다.

"벚꽃은 말이야. 꽃이 진 척만 하는 거지 계속 피어 있대. 다 떨어진 것처럼 보이지만 실은 다음 싹을 품고 잠들어 있어."

다음 세대와의 연결을 원하는 사쿠라. 죽는 게 끝이 아니라는, 나의 죽음이 누군가에게는 기억이 되고 추억이 된다는, 결국 자신의 존재가 잊힘이 아니라는 그녀.

나에게도
오늘 그 누군가가 위로와 안부를 묻네요.
잘 있니?

"나는 너와 만나기 위해
'선택'하며 살아온 거야."

선택의 경제학

영화 〈너의 췌장을 먹고 싶어〉의 두 주인공, 사쿠라와 하루키의 만남은 우연히 이루어진다. 병원에 간 남자 주인공 하루키가 바닥에 떨어진 사쿠라의 공병문고를 줍게 되고, 이를 사쿠라가 발견하게 되면서 본격적으로 이야기는 펼쳐지게 된다. 이 우연한 만남은 사쿠라의 적극적 대시로 인해 주변 사람들에게 별 관심이 없었던 개인적 성향의 하루키를 차츰 바꿔놓게 된다. 그리고 최종적으로 두 사람은 서로에 대한 애정을 확인하게 되는데, 영화의 제목인 '너의 췌장을 먹고 싶어'라고 고백할 정도로 깊은 마음의 교류를 나누게 된다. 사쿠라는 자신의 공병문고에 두 사람의 만남에 대해 이렇게 적어놓고 있다.

나는 너와 만나기 위해 선택하며 살아온 거야.
벚꽃(사쿠라)이 봄(하루)을 기다리는 것처럼.

독자 여러분은 혹시 경제학의 정의에 대해 알고 있는가? 사전적 정의에 의하면 경제학이란 '자원의 부족함을 전제로 이러한 자원을 가장 효과적, 효율적으로 소비하기 위한 일반적 법칙을 규명, 사회의 여러 경제 관련 문제점들을 해결하기 위한 학문'이라고 한다. 이게 뭔 소린가. 잘 이해되지 않는게 정상이다.

이를 매우 단순명료하게 표현하자면 경제학은 한마디로 '선택의 학문'이라 할 수 있다. 즉 있는 자원을 대상으로 가장 최대의 효과를 만들어 내기 위해 어떤 것을 선택하느냐 하는 것이 바로 경제학의 기본 정의라 할 수 있다.

예를 들어 점심시간이 되어 외부에서 식사를 한다고 가정해 보자. 동일한 메뉴를 같은 가격으로 팔고 있는 A와 B, 두 식당이 있다. A식당은 맛집으로 소문난 곳이라 항상 사람들이 줄을 서 대기하고 있는 데 반해, B식당은 (A식당에 비해) 다소 맛은 떨어질지라도 자리 걱정 없이 언제든 가서 편하게 먹을 수 있는 곳이다. 여러분이라면 어느 곳을 선택할 것인가?

경제적 측면으로 본다면 당연히 B식당을 가는 것이 맞다. 여기에는 2가지 선택지가 있다. 일단 첫 번째는 맛으로 접근하는 방식인데, A식당이 맛집인만큼 이에 대해서는 A식당의 우세승이라 할 수 있을 것이다.

하지만 맛은 객관적 지표가 되기 어렵다. 사람에 따라 감정이나 주관에 의해 좌우되는 만큼 B식당의 맛 또한 그날의 기분과 컨디션에 따라 더 맛있거나 비슷하게 느껴질 수도 있기 때문이다.

두 번째는 투입되는 자원의 양으로 여기서는 시간의 소요량으로 비교해 볼 수 있는데, 당연히 B식당의 투입량이 적을 수밖에 없다. 시간을 비용으로 생각한다면, 그만큼 '경제적으로 효율성이 높다'고 말할 수 있으며, 소위 가성비가 더 좋다 볼 수 있는 것이다. 그렇기 때문에 경제적 측면으로 본다면 당연히 B식당을 가는 것이 옳은 선택이라 할 수 있다. 물론 경제적 관점으로 그렇다는 것이다.

선택에 따라 인생이 달라진다면

조금 장황하게 이야기했는데, 필자가 이 영화 〈너의 췌장을 먹고 싶어〉에서 주목한 핵심 포인트는 바로 '선택'이다. 사실 두 주인공 앞에는 아래와 같은 수많은 선택지가 존재했었다.

- 만약 사쿠라가 자신의 공병문고를 집은 하루키를 선택하지 않았다면
- 하루키가 사쿠라의 적극적 접근을 받아들이지 않기로 선택했다면
- 사쿠라의 버킷 리스트를 이행하는데, 하루키가 돕는 것을 선택하지 않았다면
- 사쿠라의 여행에 하루키가 동행하지 않기로 선택했다면 등

이처럼 두 사람의 선택에 따라 영화의 전개는 많이 바뀔 수밖에 없었을 것이다.

과거 예능 프로그램 중에 '인생극장'이란 것이 있었다. 주인공이 살아가다 어떤 선택의 순간을 맞이하게 되고, 이때 A와 B, 두 가지 중 어떤 선택을 하느냐에 따라 인생이 어떻게 달라지는지를 보여주는 프로그램이었다. 예를 들어 정말 바쁜 일로 목적지를 향해 정신없이 달려가던 중 우연히 마주친 사람이 길을 막고 도와달라고 간청할 때 돕느냐, 안 돕느냐

에 따라 자신의 인생이 달라지게 된다는 것이다.

영화에서 사쿠라는 하루키를 선택한다. 이유는 간단하다. 그가 우연히 자신의 공병문고를 들춰보았기 때문이었다. 하지만 이보다는 하루키가 친구 없이 지내는 외톨이나 마찬가지였고, 그로 인해 자신의 병에 대해 누구에게도 발설하지 않을 것이라는 믿음이 있었기 때문이었다고 할 수 있다. 경제적 측면으로 본다면 사쿠라의 입장에서 죽음까지 얼마 남지 않은 자신의 시간을 가장 잘 활용할 수 있는 최적의 상대가 바로 하루키였다고도 할 수 있다. 부모처럼 자신의 삶에 깊이 관여하거나, 혹은 절친 코코처럼 감정적으로 너무 슬퍼함으로 인해 자신의 에너지와 시간을 빼앗지 않을 것이라 보았기 때문이다.

그렇다면 하루키는 사쿠라를 선택함으로써 어떤 혜택을 보았을까? 일단 하루키는 사쿠라처럼 먼저 상대를 선택하지 않았다. 사쿠라의 적극적 접근을 상당히 수동적으로 허용했는데, 이는 하루키가 개인주의적 성향을 가졌기 때문이라 할 수 있다. 그는 자신의 일상에 대해 누구의 관심도 원치 않았고, 혼자만의 세계에서 머물러 있었다. 하지만 사쿠라와의 거듭된 만남을 통해 그는 자신이 만들어 놓은 세계의 껍질을 깨기 시작한다. 그리고 마침내 관계의 유익성을 깨닫게 되고, 마침내 함께 살아가는 인생에 대해 알게 된다. 마치 헤르만 헤세의 소설 『데미안』에 나오는 싱클레어처럼 말이다.

사쿠라가 하루키를 만남을 통해 시간의 효용성에서 혜택을 보았다면, 하루키는 단순한 경제적 효용성을 벗어나 선택의 다양성 측면에서 큰 도움을 얻었다 할 수 있다. 혼자만의 작은 세계에서는 선택의 다양성이 존재하기 어렵다. 하지만 다른 사람들과의 관계와 동행을 통해 보다 넓은 세계에서 살아갈 때 선택의 범위는 무한히 증폭될 수 있다.

이렇게 볼 때 하루키는 자신의 세계에서 알을 깨고 나옴으로써, 2차원이 아닌 3차원, 더 나아가 4차원의 세계로 발을 들인 것과 마찬가지라 볼 수 있으며, 경제적 측면에서 또한 다양성이란 혜택을 얻었다 할 수 있으리라.

경제적 관점에 대한 이야기를 했지만, 역시나 영화는 두 사람의 관계 특히, 봄(하루키)의 변화를 부각시키며 마무리되고 있다. 이것이 바로 하루키가 사쿠라를 선택했던 이유기도 하다.

따스한 봄(하루키)이 오랜 기다림에 목말라 했던 벚꽃(사쿠라)의 향연을 이끕니다.

벚꽃 또한 눈이 시리도록 화사한 꽃잎들을 봄에 선물하네요.

흩날리는 벚꽃의 황홀한 자태 덕분에 봄은 생명을 가득 담은 봄으로 탈바꿈합니다.

눈부시게, 그래서 더욱 눈물 나도록 아름다운 그런 봄으로 말이죠.

웰다잉 문화는
또 다른 유행인가?

"너의 췌장을 먹고 싶어."

영화의 제목이기도 한 이 대사는 엽기 호러 장르를 연상하게 된다. 자연스럽게 왜 저런 제목을 붙였을까 궁금해진다. 분명 무언가 중의적인 의미를 가지고 있을 것 같긴 한데 말이다.

영화를 보고 신체의 아픈 부위를 먹으면 낫는다는 일본에서 전해오는 믿음이 있다는 것을 알았다. 그러면서 여자 주인공 사쿠라는 남자 주인공을 데리고 소 내장을 파는 식당에 간다. 한국에서도 관절이 아프면 사골을 먹으면 괜찮아진다는 것과 비슷하다. 비교신학으로 접근하면 동시대에 비슷한 문화와 믿음을 엿볼 수 있다. 지금처럼 글로벌 사회가 아니었음에도 그랬다는 건 신비스럽기까지 하다.

영화에서 "너의 췌장을 먹고 싶어." 라는 말은 처음엔 여주인공인 사쿠라가 남자주인공에게 하는 대사이자, 끝부분에 가면 남자주인공 하루키가 하는 말이다.

영화를 다 보고 나면 이 대사가 사랑 고백처럼 느껴지는 건 나만이 아닐 것이다. 나의 모든 것을 주어도 아깝지 않은 사이, 그게 사랑하는 사이다.

먹는다는 행위가 단순히 식욕을 채우기 위해 행위가 아니라는 건 원시 부족사회에서 보였던 카니발리즘을 통해서도 알 수 있다. 문화인류학자들은 식인종의 식인문화가 배가 고파서 사람을 잡아먹은 것이 아니라 떠난 사람을 온전히 나의 몸에 간직하는 행위이며 단순히 신체만이 아닌 영혼까지도 함께 한다는 의미로 해석한다. 먹는다가 사랑의 다른 이름인 것이다.

이처럼 '죽음'을 바라보는 시각이 문화별로 다르게 나타난다. 한국은 죽음은 남겨진 자에겐 슬픔이며 자식은 죄인이기도 하다. 이승과 저승이 있으며 이승의 업보로 다음 생애까지 영향을 미치고 권선징악으로 죽어서도 지옥에 간다는 보편적인 믿음을 가지고 있다. 그래서인지 한국은 죽음에 관해 이야기하는 것을 꺼린다.

"세상에 죽음만큼 확실한 것은 없다. 그런데 사람들은 겨우살이는 준비하면서도 죽음은 준비하지 않는다."

톨스토이의 말처럼 사람들은 죽음 준비를 하지 않는다. 죽음 준비에는 많은 것이 있다. 현실적인 장례를 어떻게 치를 것인가부터 재산 분배는 어떻게 할 것인가까지. 더불어 관계의 정리, 즉 남겨질 자들을 위한 애도를 위한 준비도 있다. 2006년 한때 '죽음준비학교'가 유행하기도 했다. 유언장을 쓰고 입관체험을 하는 프로그램도 있었다. 실제로 관을 준비하고 들어가 보는 입관체험을 하고 충격에 빠진 사람도 있었다. 그러다 이젠

'웰다잉'이란 말이 생겨났다. 또 다른 유행처럼. 그럼 좋은 죽음이란 어떤 것일까? 한편 죽음을 준비한다고 죽음이 좋아질까?

인간은 죽을 수밖에 없는 존재다. 아무리 불로장생을 꿈꾸며 의학적 노력을 한다고 해도 죽지 않을 수 없다. 혹여 죽지 않는다고 해도 그것이 행복한 삶일지는 모르겠다. 죽음은 영화에서처럼 불치의 병에 걸려서, 영화의 결말처럼 오히려 '묻지마 살해'의 피해자로 갑자기 돌연사할 수도 있고, 스스로 목숨을 끊는 경우도 있다. 우리는 언제 죽을지 알 수조차 없다. 삶과 함께 죽음이 공존한다. 결국 매 순간 잘 살아가는 것이 언제 죽더라도 좋은 죽음이 아닐까 싶다.

그럼 살아 있을 때 잘 산다는 건 또 어떤 것일까?

아이들은 존재만으로 잘 사는 거라고 생각한다. 영화의 사쿠라처럼 자신의 죽음을 받아들이며 남겨질 사람에게 글로 남겨주는 것도 좋을 것이다. 노년기라면 나중에 아파서 회복 불가능한 상태가 됐을 때 연명의료를 받지 않겠다는 뜻을 미리 밝혀두는 서류인 '사전연명의료의향서'를 작성해 두는 것이 포함될 수도 있겠다. 많은 분들이 연명의료를 받고 싶어 하지 않는다. '웰다잉'을 한때의 유행이 아니라 각자의 방식으로 준비한다면 충분히 웰다잉이다.

남겨진 사람들에게도 웰다잉은 필요하다. 그건 '애도'를 통해서다. 영화에서 남자 주인공은 표현도 하지 않고 일절 어떤 행동도 하지 않는다. 원래도 내성적인 성격이다. 그러다 찾아간 사쿠라의 집에서 건네받은 '공병문고' 일기를 보며 모든 걸 쏟아내며 운다. 그리곤 그동안의 모습과는 다른 모습으로 살아간다. 사쿠라의 절친과 친구가 되어 표현도 하고 자기를 드러내기도 하면서.

영화를 보고 나서 '좋은 죽음은 형식적인 절차로 웰다잉이 아니라 남겨진 사람에게 좋은 영향을 주는 죽음'이라는 생각을 했다. 그러고 나니 정말 잘 살아야겠다는 다짐을 하게 된다.

'웰다잉하기 위해 웰빙하자~.'

"네가 하고 싶은 일을 미루지 말고 당장 시작해." 라는 사쿠라의 말처럼.

에밀리아 클라크
샘 클라플린
미 비포 유
me before you
존엄사 논쟁을 불러일으킨 13주 연속 베스트셀러 원작
MGM
6월 1일 대개봉
그냥살아요

미 비포 유

미 비포 유(Me Before You, 2016)
감독 테아 샤록
주연 에밀리아 클라크, 샘 클라플린 외

당신의 인생에 뜻하지 않은 사건이 일어나고 이에 중대한 결정을 내려야 하는 시간이 찾아온다면, 영화 〈미 비포 유〉는 우리에게 일어날 수 있는 가정을 달콤 씁싸름한 현실로 풀어낸다.

장밋빛 미래가 펼쳐지던 윌. 사고로 다른 사람의 도움 없이는 살 수 없는 전신 마비 환자로 전락한다. 절망의 길을 걷던 그에게 6개월 간병인 역할로 루이자가 등장하며 새로운 삶의 의욕과 사랑을 느끼게 되는데……. 인간의 죽음 명제를 통해 각자의 물음표를 품게 한다.

사랑이라는 이름의
선물

천상병 시인은 〈귀천〉 시를 통해 인생을 소풍에 비유하였었죠. 오늘 그의 시처럼 잔잔한 감동을 남기는 작품 하나를 이야기해볼까 합니다. 남녀의 애절한 사랑이야기로 그들의 시점에서 내면의 속마음을 들여다보겠습니다.

"이렇게 함께 있는 이 밤이 당신이 내게 준 가장 멋진 선물이에요."

아름다운 미소를 지닌 여주인공 루이자의 대사입니다. 영화 속 그녀는 자존감이 높은 인물로 보입니다. 집안이 넉넉하지 않은 처지라 자신이 일자리를 구해야만 하는 상황에서도 당당합니다. 남주인공 윌은 어떨까요. 인물과 재력, 커리어 등 무엇 하나 빠지는 것이 없습니다. 그런데 이런. 예기치 않은 사고로 전신마비 환자로 전락합니다. 그는 생각합니다. '뭐지. 왜 나에게 이런 시련을 주는 거지.' 사람은 가진 것이 많을수록 바닥으로 떨어질 때 더욱 힘들어합니다. 역설적 잃을 것이 없는 입장에서는 그 절망감의 강도가 덜할 수 있을 겁니다.

월. 닥친 현실을 받아들이지 못합니다. 세상을 원망합니다. 자신을 간병하러 온 이들에게 매몰차게 대하고 외면함의 수순을 밟습니다. 질투가 일어나기 때문입니다. 나는 이렇게 침대에 누워 타인의 도움 없이는 한순간도 자의적 움직임을 하지 못하는데 나보다 못했던 저 인간들은 뭐지. 쓴 소리와 격한 반응, 냉랭함으로 타인을 힘들게 합니다.

그런데 특별한 존재가 나타났습니다. 허물없는 표정으로 상대의 마음을 허물어뜨리네요. 월은 그 미소가 못내 마음에 들지 않습니다. '뭐지. 6개월 임시 간병인으로 들어온 주제에 뭐가 저렇게 신이 나고 즐거운 거야.' 의심이 듭니다. 시한을 정하고 속으로 주판알을 튕기며 더욱 차갑게 대합니다. 얼마까지 견딜 수 있으려나 보자. 그런데 어라. 모두가 자신에게는 고분고분했었는데 이렇게 도발적 반응을 보이는 사람이 있네요. 루이자의 이야기입니다.

"난 내일에 최선을 다하고 있는데, 굳이 내 인생까지 비참하게 만들려고 애쓰진 말아줘요."

그녀의 진솔함에 월 자신이 세운 세상에 대한 벽은 흔들리기 시작합니다. 솔직히 루이자는 그가 예전 사귀었던 애인에 비해서는 인물, 재산, 신분 등 내세울 것이 없습니다. 그럼에도 그녀의 웃음과 말투는 월의 방어막을 무장해체시켜 나갑니다. 루이자의 매력이 그의 가슴을 송두리째 뒤흔들어 놓았던 것이죠.

큐피드의 화살이 시위를 떠났습니다. 여느 연인들처럼 까르르 다정하게 웃으며, 영화를 보고, 여행을 떠나며, 식사를 나누고, 휠체어에 앉아 함께 춤도 춥니다. 사랑한다는 것은 어떤 의미일까요. 사랑은 경제적 차이, 지위, 육체적 장애도 초월하는 듯합니다. 타인의 이질적 시선에 아랑곳없이 둘만의 감정을 키워갑니다. 하지만 윌에게는 그만의 갈등이 뒤따릅니다.

'이 여인을 사랑하기에 끝까지 곁에 있으며 행복을 누리고 싶다.' VS '내가 곁에 있으면 평생 짐이 되어야 하기에 사랑하지만 떠나야 한다.'

어떤 선택이 합리적이며 이성적인 결정일까요. 아니, 어느 선택을 해야만 사랑의 아름다운 결말이 될까요. 윌의 의견에 한 표를 던져봅니다. 자신의 목숨에 대한 자율권 선택을 말함이 아닌, 자신이 사랑하는 이에 대한 책임 그리고 마지막 의미를 남겨두고 갈려는 그의 선의에 찬성을 던진다는 겁니다.

루이자를 위해 선물을 준비하는 윌. 함께했던 아름다운 추억 그리고 자신의 안락사 이후 그녀를 위한 배려의 유언장입니다.

윌은 그녀에게 도움을 받기만 하였던 것은 아닙니다. 가난으로 루이자가 누리지 못했던 세상의 다른 경험을 자신의 선험적인 체험으로 채워줍니다. 나아가 그녀가 바라는 꿈들을 이뤄 나가기를 희망합니다. 그렇기에 그녀 옆에 있기보다는 현실적 도움을 제공하는 판단을 내립니다.

가스라이팅 효과(gaslighting effect)라는 용어가 있습니다. 패트릭 해밀턴이 연출한 연극 〈가스등〉에서 유래한 것으로, 대상자에 대한 조정과 세뇌를 통한 행위자에게로의 의존과 귀결을 요구하는 행위를 말함입니다. 쉽게 말해 의도적 조작을 통한 행위자와의 종속적 관계를 만드는 것을 일컫죠. 이는 대상의 불안심리 조장, 동정심 유발, 궤변 등 수단을 통해 행위자의 말에 복종하게 만듭니다.

윌이 이기적 사랑을 하였다면 루이자를 이용할 수 있었을 겁니다. 값싼 동정심 등을 유발하는 행위를 하여 사랑이라는 명목으로 자신을 돌보게 하고 붙들어 둘 수도 있었습니다. 하지만 그는 그렇게 하지 않았습니다. 사회적 성숙성을 지니고 있기에 지극히 이성적 판단을 내리죠. 자신은 행복할지언정 그를 보필하기 위한 평생의 노력이 그녀를 불행하게 할 수도 있다는 생각 때문이었습니다. 그렇기에 자신의 사후에도 그녀가 이루고 싶은 꿈들을 이루게 하는 자율권을 오히려 존중하고 지원하였습니다. 물론 그것이 그녀가 바랐던 사항이 아니더라도 말입니다.

마지막 장면. 바라던 장소의 한 카페에서 윌이 남긴 편지를 읽으며 미소 짓는 루이자. 윌이 내린 결정의 해피엔딩을 보여줍니다. 이는 그가 떠나고 나서도 남긴 사랑이란 이름의 선물입니다.

"성공은
밖이 아닌 내 안에 있어요"

내 안에 '성공' 있다

영화 〈미 비포 유〉의 여주인공 루이자는 무려 6년 동안 일하던 카페에 서 쫓겨난다. 장사가 안 되어 어쩔 수 없이 카페 문을 닫게 되어서지만 그 럼에도 일자리를 잃어 우울할 수밖에 없다. 더군다나 아버지까지 집에서 놀고 있는 상황이라 루이자의 집안은 경제적으로 초비상 상태가 되고 말 았다.

그녀가 남자 친구인 패트릭에게 이런 난감한 사정을 토로하자 돌아온 답은 참 무성의하다. 올해의 청년 사업가로 지정된 바 있는 그는 큰 목소 리로 이렇게 말한다.

"뭘 하고 싶은지 생각해 봐. 부동산 중개인? 상점 점원이나 케이터링은 어때? 언제까지 처져 있을 거야. 성공한 기업가들도 바닥부터 시작했어. 나처럼!"

그러자 답답한 표정의 루이자가 이렇게 답한다. "난 자기가 아니야, 난 카페 점원이었어."라고.

많은 사람들이 성공을 꿈꾼다. 성공, 좋다. 하지만 여기서 정말 곰곰이 생각해 봐야 할 중요한 점 하나가 있다. 그것은 성공을 어떻게 정의하느냐 하는 것이다. 독자 여러분은 성공에 대한 어떤 정의를 가지고 있는가?

큰 부자가 되어 사고 싶은 것, 갖고 싶은 것, 가고 싶은 곳 등 돈에 구애받지 않고 마음대로 쓰며 살 수 있는 것? 사회에서 누구나 우러러보는 그런 높은 자리에 오르는 것? 또는 자신의 이름 석 자만 대면 웬만한 사람들이 다 알 수 있을 정도로 유명해지는 것? 그도 아니라면 자신이 정했던 목표를 이루는 것? 혹은 별문제 없이 평범하고 소박하게 살다 가는 것?

아마도 성공에 대한 정의를 내린다면 사람마다 다를 수밖에 없을 것이다. 그만큼 성공은 다양하게 정의될 수 있기 때문이다.

아마도 루이자의 남친 패트릭이 말한 성공은 사업이 잘되어 돈도 벌고, 사회적 명성도 가지게 되는 것을 의미하는 듯 보인다. 하지만 루이자에게는 그 어떤 위로도 되지 못한다. 목구멍이 포도청이라 당장 돈을 벌어야 하기 때문이다. 이런 연유로 그녀는 어렵사리 면접을 통과해 전신마비 환자인 윌의 간병인으로 들어가게 된다.

윌을 통해 진짜 인생을 배우다

윌은 사고를 당하기 전까지 촉망받던 사업가였다. 그렇기 때문에 그에게는 여전히 사업 감각이 남아 있었고 그런 윌은 루이자를 주의 깊게 관찰한다. 그녀가 무엇에 관심이 있고, 또 무엇을 잘하는지 말이다. 그리고 알게 된다. 그녀가 줄무늬 스타킹 덕후(!)이며, 남다른 패션 감각의 소유자라는 것을. 다만 아쉬운 점은 그녀가 자신의 재능에 대한 확신도 가지지 못하고, 가족 경제까지 책임져야 하는(꼭 그러지 않아도 되는 데도 불구하고) 위치에 있었다는 것. 그래서 윌은 루이자에게 진심을 담아 이렇게 말한다.

"멀리 봐요, 루이자. 인생은 한 번 뿐이에요. 최대한 열심히 사는 게 삶에 대한 의무예요. (중략) 언젠가 당신의 뜻을 펼쳐야 할 때 가족 걱정 않고 결정할 수 있겠죠. 한 번이라도 자기를 먼저 챙겨 봐요."

영화의 엔딩 장면에서 결국 윌은 미래의 삶을 포기한 채 스스로 인생을 마무리하게 된다. 하루하루 견디기 힘든 시간들을 이겨내기 위한 노력을 지속했지만, 그럼에도 미래는 여전히 고통스럽게 다가왔기 때문이었다. 윌은 마지막 삶의 활력소가 되어 주었던 루이자에게 작지만 아주 큰 선물을 남긴다. 바로 돈이었다. 하지만 그 돈에는 특별한 조건이 붙어 있었는데, 패션의 도시 파리에서 디자인을 배우기 위한 학비였던 것이다.

그가 떠난 후 루이자는 윌이 그토록 다시 가고 싶어 하던 파리의 한 카페에 앉아 차를 마신다. 그가 남긴 가슴 따뜻한 편지를 읽으며. 이후 그녀는 윌이 남겨준 학비를 가지고 파리에서 디자인을 배울 것이고 자신의 재능을 맘껏 펼치게 될 것이다. 그래서 사회적으로 큰 성공을 이룰 수도 있을 것이다.

하지만 성공을 하든 그렇지 못하든 그것은 중요하지 않다고 본다. 왜냐하면 그녀는 이미 자신이 가장 좋아하는 일을 시작할 수 있게 되었고, 평생 그 일을 통해 자신의 재능을 발전시키고 나아가 그녀의 인생을 한 단계 더 성장시키게 될 것이기 때문이다.

그녀의 생일날 월의 줄무늬 스타킹 선물을 받으며 그 어떤 선물보다 뛸 듯이 좋아했던 그녀인 만큼 스스로 그것을 만드는 일이야말로 그녀를 정말 아름답게 빛내는 순간들이 되지 않을까? 그렇기 때문에 그 길로 들어섰다는 것만으로도 그녀는 이미 성공의 반열에 올라섰다 볼 수 있을 것이다.

결국 성공이란, 그 누군가도 아닌, 바로 나 자신이 스스로에게 축하와 애정의 마음을 담아 건넬 수 있는 단어라 할 수 있지 않을까?

교육문화편

존엄한 죽음은
가능한가

만약 당신이 하루아침에 목 아래를 전혀 움직일 수 없게 된다면 당신의 삶은 어떨까? 1년 동안 별다른 이유 없이 네 번 폐렴에 걸리고 그마저도 입원해야 하고 죽을 고비도 넘기게 된다면 어떨까? 다른 사람의 도움 없이는 물 한 모금도 마실 수 없다면. 생존뿐만 아니라 목 뒤에 무언가 있어 간지럽거나 따가워도 할 수 있는 게 아무것도 없다면 그 삶은 어떨까?

삶의 의미를 찾기가 어려울 것 같다. 누군가에게 짐이 된다는 생각도 들고 무엇보다 스스로 할 수 있는 일이 없다는 게 견디기 어렵고 긍정적인 감정보다 부정적인 감정을 훨씬 많이 느낄 것이다.

영화 〈미 비포 유〉의 주인공 윌은 평소 스포츠를 즐기는 엑티브한 청년이었으니 더욱 그랬을 거다. 사고가 나고 2년이 지났지만 익숙해지기는 커녕 꿈에선 예전과 같은 삶을 살다 눈을 뜨면 다른 현실이 고통 그 자체라고 했으니까.

존엄사, 안락사, 웰다잉법 등 다양한 정의가 있다.

존엄사는 회복 가능성이 없는 환자에 대해 무의미한 연명 조치 등의 의료행위를 중단해 인간으로서 존엄을 유지하면서 자연적으로 죽음을 맞도록 하는 것으로 소극적 안락사라고 한다. 안락사는 환자의 요청에 따라 약물 투입 등의 방법으로 적극적으로 죽음의 시기를 앞당기는 행위를 말한다. 웰다잉법의 정식 명칭은 연명의료결정법(호스피스·완화의료 및 임종 과정에 있는 환자의 연명의료 결정에 관한 법)으로 회생 가능성이 없는 환자가 자기의 결정이나 가족의 동의로 연명치료를 받지 않을 수 있도록 하는 법으로, 2016년 1월 국회를 통과했다. 이에 따라 호스피스 분야는 2017년 8월 4일, 연명의료 분야는 2018년 2월 4일부터 시행에 들어갔다.

환자는 사전연명의료의향서나 연명의료계획서를 통해 연명 의료를 원치 않는다는 의사를 나타내야 한다. 연명의료결정법이 존엄사에 해당하는 것이고 영화의 주인공이 선택한 것이 안락사다. 존엄사를 적용하고 있는 국가들은 늘고 있는데 안락사에 관해서는 아직도 의견이 분분하다.

스위스는 안락사가 인정되는 나라다. 그것 때문에 국제적으로 비판을 받기도 한다. 자살을 돕는다. 자살을 방조한다고도 하고. 어느 40대 부인은 온 가족과 함께 스위스행을 택했다. 자신이 더 늙는 모습을 자신과 다른 사람에게 보이고 싶지 않고 40대 모습으로 기억해 줬으면 좋겠다는 바람을 가족이 동의했다고 한다. 그런 선택을 한 부인이나 가족에 대해 이야기하고자 하는 것이 아니다. 어찌 보면 개인의 선택이기에 타인이 잘잘못을 따질 것은 아니기 때문이다.

나는 존엄하게 죽고자 하는 것이 결국 존엄하게 살고 싶다는 다른 말이라고 생각된다. 삶의 질이 낮아지고 오히려 고통이 된다면 삶을 이어가는 것이 과연 가능할까 싶다.

영화에서 6개월의 유예기간 동안 어떻게든 아들의 마음을 돌려 삶을 이어가길 바랐던 어머니와 아들의 고통을 지켜보며 선택을 따르는 방법밖에 없다는 걸 인정하는 아버지. 그래서 아버지는 "그의 선택이오. 그 애가 얼마나 고통스러운지 잘 알잖소."라고 말한다. 어머니도 아버지의 말에 더 이상 반박을 하지 못한다.

당사자인 윌도 루이자를 사랑하게 되어 "아침에 눈 뜨고 싶은 이유가 당신이라는 거."라고 말하지만 "난 내 인생을 사랑했어요. 난 이 인생을 받아들일 수 없어요."라며 스위스에 같이 가달라고 부탁한다. 처음엔 루이자가 이를 받아들이지 못하지만 윌의 결정을 존중하기로 하고 스위스로 가서 마지막 순간을 함께 한다.

"멀리 봐요. 인생은 한 번뿐이에요. 최대한 열심히 사는 게 삶에 대한 의무예요."라며 그냥 살라고 하는 윌의 진심이 느껴졌다. 자신은 자신이 원하는 삶을 열심히 살아봤기 때문에 루이자도 그렇게 살기를 원했던 것이다. 윌이 남긴 돈으로 패션 공부를 하게 되고 세상으로 한 발 나가게 된 루이자는 파리에서 윌이 권해 준 향수를 사고 거리를 걸으며 웃음 지으며 영화는 끝이 난다.

"당당하게 살아요. 아직 기회가 있다는 건 감사한 일이에요."

자신은 이제 기회가 없지만 루이자에게는 기회를 놓치지 말라던 윌의 말이 들리는 것 같다. 우리에겐 자신이 선택한 삶을 살 기회가 있다. 우리 스스로 존엄한 삶을 선택할 기회가 말이다.

코코

코코(Coco, 2017)
감독 리 언크리치
주연 안소니 곤잘레스(미구엘 목소리), 가엘 가르시아 베르날(헥터 목소리)

사후 세계는 과연 존재할까? 있다면 과연 어떤 모습일까? 산 자의 기억 속에 죽은 자가 존재하지 않는다면 그 영혼마저 소멸한다는 안타까운 플롯 속에 우리의 주인공 미구엘은 죽은 증조부 헥터를 살리기 위해 고군분투한다. 그리고 그 안에서 무엇과도 비교할 수 없을 정도로 진하게 다가오는 가족의 사랑, 리멤버 미!

메멘토 모리 Memento mori

설 명절. 아이들은 신이 납니다. 무엇보다 세뱃돈을 얻을 수 있다는 기대감 때문이죠. 그런데 어른들의 표정은 사뭇 진지해 보입니다. 평소 먹지 못했던 상을 차리며 돌아가신 분들의 사진을 앞에 두고 차례를 지냅니다. 그리고 당사자의 생전 이야기를 나누며 그분을 기억하죠. 영화의 장면인 멕시코도 별반 다르지 않아 보입니다. 그들도 우리처럼 죽은 자의 날이라는 명절을 통해 고인의 사진을 놓아두며 추모합니다. 이 같은 배경을 바탕으로 뮤지션을 꿈꾸는 주인공 미구엘이 사후세계로 넘어가 가족의 소중함을 깨닫는 여행을 시작합니다.

"이승에서 기억해 주는 사람이 없으면 이 세계에서 사라져. 그게 마지막 죽음이지."

고인을 기리고 제사를 지낸다는 것은 사후세계의 존재를 인식한다는 것입니다. 우리는 이를 저승이라고 표현하지요. 영화에서는 그 저승의 망자들을 그려내며 이후의 세계도 제언합니다. 그런데 그곳에서조차 따돌림 받고 소외되는 이들이 있습니다. 이는 현실세계에서의 남겨진 가족에게 버림받았다는 의미입니다. 그 가족들에게조차 잊힌 이들은 사라지고 마지막 죽음을 맞이합니다.

'저승'이란 단어를 떠올리면 연상되는 TV 드라마가 있습니다. 〈전설의 고향〉. 어린 시절 이불을 뒤집어쓰고 숨을 죽여 시청하였었죠. 등장하는 저승사자. 삿갓에 도포를 입고 파란 조명과 음산한 배경음악이 뒤따릅니다. 그때부터 죽음이라는 존재를 막연한 두려움으로 대했던 것 같습니다.

누군가를 기억한다는 것은 어떤 의미일까요. 그리고 그 대상이 가족이라면. 우리는 가족이라는 공동체를 통해 성장하고 나아갑니다. 그 안에서 사회적 역할을 배우고, 감정을 나누며 교류를 이어나가죠. 그런데 그 같은 과정이 마냥 좋을 수만은 없습니다. 갈등이 일어나고 때로는 타인보다 못한 대상으로 벌어지기도 하죠. 모르는 사람보다 가까운 사이일수록 훨씬 심리적 상처는 심합니다. 서로를 잘 알기에 기대감이 큰 대신 그에 따른 섭섭함과 원망의 간극이 크기 때문이지요. 누나가 저럴 수가 있을까. 형이 그러면 안 되지. 내가 그에게 어떻게 행동했는데. 부모님은 왜 오빠에게만 저리 살뜰히 대하고 챙겨줄까 등.

외국 병원 사례를 들은 적이 있습니다. 임종을 앞둔 환자에게 의사는 이런 이야기를 합니다.

"용서를 나누지 못한 분이 계신가요. 그럼 마무리를 짓고 오세요."

죽음을 맞이할 때 맺힌 한이 있거나 쌓인 앙금이 있을 시 굳은 표정으로 눈을 감지 못하는 경우가 있습니다. 그래서 가족들은 고인을 떠나보낼 때 얼굴이 편안하고 행복해 보이기를 원합니다. 마지막 기억되는 모습이기 때문입니다. 그래서인가요. 죽음은 때론 치유의 장이 되기도 합니다. 이는 우리가 사는 세상에서 이해와 타산적 관계를 떠나 화해의 준비를 하라는 신의 배려일 수도 있지요.

대구 성모당. 가톨릭 성직자들의 묘소입니다. 그곳 입구에는 라틴어로 다음과 같은 문구가 새겨져 있습니다. 'HODIE MIHI CRAS TIBI,' 우리말로 번역하면 '오늘은 나, 내일은 너.'라는 뜻입니다.

그 상징성을 나이를 먹어서야 깨우치게 되었습니다. 중세 수도승들이 나누었다는 '메멘토 모리Memento mori' 라는 말과 일맥상통하지요. '죽음을 기억하라'는 뜻입니다. 이는 사회적 관계로 연결된 세상이 끝이 아닌 연속성이 있음을 시사합니다.

이런 전통은 서양 미술사에서 바니타스 화풍으로 드러납니다. 공허의 뜻을 가진 이 화풍에는 작품 도구로 해골, 썩은 과일, 모래시계 등이 등장합니다. 인간의 유한성을 인식하고 죽음을 대비하라는 상징의 표현이지요.

신경과학자 이현수는 기억이라는 메커니즘을 이렇게 정의합니다.

'신경세포들은 아주 좁은 틈을 두고 연결되어 있으며, 그 연결점(시냅스)에서 신경전달물질이 신호를 전달하는 방식으로 소통한다. 이러한 신경세포 사이의 소통과 연결이 바로 기억이다.'

그런데 이 소통과 연결이 끊어지는 질병이 있습니다. 치매(dementia).

De(없다) + ment(정신)의 합성어이지요. 개인적으로 이를 일찍 접하게 되었습니다. 어머니께서 치매를 앓다가 돌아가셨고, 현재는 장모님께서 현재 진행형이기 때문입니다. 찾아가 인사드리며 반갑게 식사를 끝내면 되풀이되는 대화가 이어집니다.

"이 서방 밥 들게."

"네. 먹었습니다."

사위가 밥 먹은 것을 금방 잊어버리는 것이죠. 종내는 가장 가까운 대상인 자식들의 얼굴을 잊어버리기도 합니다.

"누구세요?"

"엄마. 저예요. 모르시겠어요."

그래서인가요. 저는 잊힌다는 것에 대한 두려움이 남아 있습니다. 그 절망의 끝을 보았기 때문이죠.

기억한다는 것은 그리움입니다. 그럼에도 그 기억이 때론 떠올리기 싫을 수도 잊어버리고 싶을 때도 있습니다. 하지만 그보다 더욱 비극적인 것은 떠올리려고 해도 떠올려지지 않을 때입니다. 각자의 기억에 남아 있는 존재는 누구일까요. 가족, 친구, 연인…. 그들이 당신의 마음속 남아 있는 한 그라는 존재는 살아 있습니다. 우린 이를 추억이라는 이름으로 새깁니다.

경제편

노래도 듣고
투자 수익도 챙기고?

기억해 줘 우린 언제나 함께 한다는 걸

영화 〈코코〉의 주인공 미구엘의 증조할머니 코코는 치매로 인해 하루의 대부분을 멍하니 앉아서 보낸다. 그녀의 기억은 점점 소멸되어 가고 있는데, 하지만 더 안타까운 건 그녀의 기억이 사라짐에 따라 죽은 자들의 도시에 살고 있는 코코의 아버지 헥터의 영혼도 영원히 사라질 위기에 처했다는 것이다. 이승에 단 한명이라도 자신을 기억해 주는 사람이 있어야만 영혼이 살아남을 수 있기 때문이다.

헥터의 영혼을 구하기 위해 죽은 자들의 도시에서 돌아온 증손자 미구엘은 코코에게 아빠인 헥터의 존재를 기억해 달라며 사정한다. 하지만 그녀의 시선은 여전히 갈 곳을 잃은 채 무의미하게 멈춰져 있다. 대체 어떻게 해야 코코의 기억을 살려낼 수 있을까? 미구엘의 속은 타들어만 간다. 그 절체절명의 순간 미구엘은 기타를 잡는다. 그리고 헥터가 사랑하는 딸 코코를 위해 만든 노래 '리멤버 미Remember me'를 부르기 시작한다.

기억해 줘 지금 떠나가지만

기억해 줘 제발 혼자 울지 마

몸은 저 멀리 있어도 내 맘은 네 곁에

매일 밤마다 와서 조용히 노래해 줄게

기억해 줘 내가 어디에 있든

기억해 줘 슬픈 기타 소리 따라

우린 함께 한다는 걸 언제까지나

널 다시 안을 때까지 기억해 줘 (후략)

그러자 기적 같은 일이 일어난다. 코코의 눈이 슬며시 뜨여지고 입이 조금씩 움직이기 시작한 것이다. 그리곤 어릴 적 아빠가 불러주었던 노래 '리멤버 미'를 천천히 따라 부르는 것 아닌가!

이 글을 읽고 있는 독자 여러분들은 어려서 들었던 노래 중 아직도 기억에 깊이 남아 있는 노래들이 있을 것이다. 자신도 모르게 무의식적으로 흥얼거리게 되는 그런 노래들 말이다. 그런데 왜 그런 노래를 부르거나 듣게 되면 과거의 감정까지 함께 느껴지게 될까? 뇌 과학자들에 의하면 노래가 기억을 강하게 유지시키는 요인으로 작용하기 때문이라 한다. 즉 과거의 한 상황에 대해 느꼈던 감정이 노래와 결합되어 연결됨으로써, 언제든 그 노래를 듣게 되면 그때의 감정을 떠올리게 된다는 것이다. 그렇기 때문에 우리는 우연히 과거의 노래를 듣게 되면 무의식적으로 그때의 기억을 떠올리며 감상에 빠지게 되는 것이다.

음악의 저작권과 투자에 대해

이렇듯 절대 잊혀지지 않는 개인적인 기억과 감정에 얽힌 노래도 있지만, 대중적으로 키워드를 대표하는 노래들도 있다. 예를 들어 '봄'하면 누구나 떠올리는 노래들이 있는데, 아마도 많은 사람에게 가장 사랑을 받는 노래는 버스커 버스커가 부른 '벚꽃엔딩'이 아닐까 싶다. 이 노래는 매년 봄만 되면 음원 차트에 재진입해 순위권으로 올라오는 것이 마치 죽지 않는 좀비와도 같다 하여 '벚꽃좀비'라는 별명까지 붙었다고 할 정도다.

또한 이 곡을 작사 · 작곡한 가수 장범준은 2012년 곡 발매 후 2017년까지 무려 60억 원에 해당되는 저작권료를 벌었고, 아직도 매해 10억 원에 가까운 수입을 올릴 정도로 봄만 되면 '벚꽃엔딩'의 인기는 타의 추종을 불허할 정도라고 한다. 이 수입이 마치 연금과도 같다 하여 혹자들은 이 노래를 '벚꽃연금'이라 바꿔 부르고 있다.

크리스마스 캐롤의 저작권료 또한 '연금'으로 손색이 없는데, 미국의 유명한 팝 가수 머라이어 캐리가 1994년 발표한 'All I Want for Christmas Is You'는 그야말로 연금 끝판왕이라 부를 만하다. 이 곡은 나온 후 2017년까지 무려 약 700억 원의 저작권료를 벌어들였다고 하니 그저 입이 딱 벌어질 정도다. 게다가 무려 28년이나 묵은 오래된 노래임에도 불구하고 매해 빌보드 Hot 100 상위권에 오른 것은 물론이고, 2019년부터 2021년까지는 3년 연속 1위에 오름으로써 역주행 끝판왕의 모습까지 보여주고 있다. 그야말로 가수 입장에서는 '잘 키운 노래 하나, 백 노래 안 부럽다'가 될 것이다.

저작권 수입에 대한 이야기를 하다 보니 한 가지 궁금한 점이 생긴다.

저작권료는 꼭 작곡가, 작사가 혹은 그 노래를 부른 가수만 받을 수 있는 걸까? 몇 년 전부터 대대적인 광고를 하는 사이트가 하나 있다. 바로 세계 최초 음악저작권(저작권료 참여 청구권) 투자 플랫폼이라 이름 붙은 '뮤직카우'라는 곳인데, 여기에서는 저작권료를 챙길 수 있는 권리라 할 수 있는 저작권(정확히는 저작권 지분)을 사고 팔 수 있으며 이를 통해 저작권료 발생 시 보유한 지분만큼 배당을 받을 수도 있다. 어떤가, 혹하지 않는가?

하지만 결코 생각보다 만만치 않다. 또한 리스크 또한 상당히 크다 할 수 있는데, 만약 여기에 투자를 생각하고 있다면 두 가지는 꼭 염두에 두어야만 한다.

첫째는 '뮤직카우'라는 곳이 민간기관이므로 이 회사가 도산할 경우 나의 투자금도 그대로 사라질 수 있다는 것이다. 즉 주식시장처럼 정부에서 보증하고 운영하지 않기 때문에 회사 리스크는 그대로 투자자의 몫이 될 수밖에 없다.

둘째는 생각보다 회사에서 보유한 곡의 수가 많지 않으며(962곡, 2021년 10월 기준), 그렇기 때문에 투자할 만한 곡을 찾기 힘들 뿐 아니라 실제 거래량이 많지 않아 사고팔기도 어렵다는 점이다. 게다가 노래의 특성상 시간이 갈수록 방송 등에 노출될 가능성이 낮아지기 때문에 투자자가 얻을 수 있는 수익은 아무래도 계속 줄어들 수밖에 없다.

역시나 저작권 투자뿐 아니라 쉽게 돈 버는 방법은 없어 보인다. 아무래도 노래는 투자보다는 흥과 즐거움, 그리고 삶을 보다 부드럽고 풍부하게 만들어 줄 수 있는 감상용으로만 활용하는 게 좋을 듯싶다.

기억할 것이
너무 많은 바쁜 현대인

기술의 발달로 현대는 편리한 생활이 가능해졌다. 그럼에도 현대인은 왜 이리 바쁘고 시간이 없다는 말을 달고 사는 걸까. 그만큼 사회가 복잡해지고 집안일 외에 처리할 일들이 많아졌기 때문이다.

웃긴 동영상 중에 중년 남성이 PC방에서 무언가 하려고 온라인 접속을 하는 데 뭘 깔라는 게 너무 많다고 하면서 본인인증을 하라고 하는 부분에서 비밀번호를 몰라 다섯 번 실패해서 결국 다시 비밀번호를 설정해야 했다는 장면이 있다. 자신의 핸드폰이나 PC라면 자동 로그인이 되어 있지만 아닐 경우엔 로그인부터 해야 한다. 사이트마다 회원가입과 로그인을 거치다 보니 아이디와 비밀번호를 저장해놓지 않으면 기억하기가 어렵다. 그래서 한 가지로 동일하게 사용한다.

이렇게 소소한 것들을 기억하느라 정작 중요한 건 잊고 지내는 건 아닐까. 자동 로그인이 아니면 기억하지 못하고 전화번호조차 저장되어 있으니 기억하지 못하는 디지털 치매라 불리는 현상이 나타나고 있다. 우린 무엇을 잊고 살아가고 있을까.

멕시코를 배경으로 한 영화 〈코코〉는 멕시코의 중요한 기념일인 '죽은 자의 날'을 소재로 다루고 있다. 멕시코인들에게 '죽는다'는 과정에는 3단계가 있다. 첫 번째는 심장이 멈췄을 때, 두 번째는 땅에 묻히거나 화장이 되었을 때, 세 번째는 이승에서 나를 기억하는 사람이 아무도 없을 때다.

한국도 이렇게 단계를 나누진 않지만 의학적 죽음인 첫 번째 단계와 장례 절차인 두 번째 단계는 같다. 마지막 세 번째 단계는 다르게 해석하면 제사와 같다고 생각된다. 영화 〈코코〉에서 죽은 자의 날처럼.

멕시코의 '죽은 자의 날'은 10월 31일부터 11월 2일까지 3일 동안이며 마지막 11월 2일은 휴일이다. 제단을 만들고 금잔화를 제단 앞까지 뿌려 놓고 사진이나 기념할 만한 물건을 올려놓는다. 10월 31일은 서구권에선 할로윈 데이다. 할로윈 데이는 흑사병처럼 많은 사람들이 죽고 죽음의 두려움을 극복하는 행위로 죽음을 상징화한 분장과 옷차림을 하고 죽음을 회유하는 사탕을 주는 것으로 표현된다. 멕시코의 '죽은 자의 날'은 거기에서 더 나아가 조상들을 기억하는 날의 의식을 포함한다.

"서로 연결된 느낌이에요."
"사진이 없으면 길이 막혀서 못 와요."
"우리 이야기를 하며 계속 기억해 줘야 해."

영화의 대사들인데 이미 존재하지 않는 조상과의 유대를 이어가는, 기억하는 것의 중요성을 이야기하고 있다.
"잊혀지지 않게 해 주세요."

영화의 제목인 코코는 주인공 미구엘의 증조할머니에요. 음악가가 되고 싶은 미구엘에게 음악가였던 헥터는 증조할머니인 코코의 아버지, 즉 미구엘에겐 고조할아버지다. 마마코코가 아빠인 헥터를 기억하지 못하면 결국 세 번째 단계인 '죽는다'가 된다. 치매에 걸린 마마코코는 아빠에 관한 기억뿐만 아니라 가족도 못 알아보니 당연하다. 헥터가 집으로 돌아오지 못한 것을 가족을 버렸다 여겼다. 그래서 헥터에 관해 이야기를 하는 것도 음악을 하는 것도 금기가 되었다.

가족에게 잊혀지지 않는다는 것은 제사를 지내는 것이나 '죽은 자의 날' 제단에 사진을 올려놓는 것과 같은 형식이 아니다. 그 조상을 기억하는 후손들이 그분이 어떤 분이었는지 살아계셨을 때 어떤 일들이 있었는지 추억할 수 있는 것들을 전해 주는 것이다. 그러려면 현재 가족과 많은 시간을 함께 해야 한다. 같이 밥을 먹고 여행도 가고 공유할 것이 많아야 전할 것도, 가족의 이야기를 할 시간도 많다. 무엇보다 가족간 관계가 좋아야 이야기를 하고 싶을 것이다.

오늘은 가족들과 식사하며 할아버지 할머니 이야기를 함께 하면 어떨까. 그분들과의 추억을 공유하며 지금의 우리가 존재할 수 있음을 감사하면서.

PART 6

행복,
어디에 있을까?

한국인이 가장 사랑하는 베스트셀러 원작
당신에게 행복은 무엇입니까?
꾸뻬씨의 행복여행
<스타트렉 다크니스> 사이먼 페그 · <나를 찾아줘> 로자먼드 파이크 · <세렌디피티> 감독 피터 첼섬
11월 27일 대개봉!

꾸뻬씨의 행복여행

꾸뻬씨의 행복여행(Hector and the Search for Happiness, 2014)
감독 피터 첼섬
주연 사이먼 페그(헥터 역), 로자먼드 파이크 (클라라 역), 장 르노(디에고 역)

런던의 정신과 의사인 헥터는 어느 날 갑자기 '행복'에 대한 답을 찾기 위해 떠
난다. 사람들에게 "당신에게 행복은 무엇입니까?"를 묻는다. 돈 많은 사업가,
마약 밀매상, 말기 암 환자 등 자신이 여행에서 만난 사람과 경험 속에서 행복
에 대한 정의를 내린다. 나만의 '행복' 정의를 내려보면 어떨까?

오늘
행복 여행을 떠납니다

가족과 떨어져 홀로 시골생활을 할 때의 일입니다. 어느 하루. 마눌님에게서 전송된 핸드폰 문자 하나.

'벤치 스타일의 나무 의자 사서 보내니 잘 써요.'

손님이 찾아와도 변변히 앉을 자리가 없었던 터라 오매불망 택배 기사님을 기다렸습니다. 고대하던 제품이 도착. 헉~. 완제품이 아닌 손수 조립을 해야 되었습니다. 몸체 하나하나마다 애써 나사를 조여야 하는.

어떤 생각이 들었을까요. 비용 절감의 큰 뜻에 고개를 조아렸을까요. 아니면 김연경 배구선수처럼 식빵 단어가 생각이 났을까요. 똥손이지만 어쨌든 임무완수를 하여야 했습니다. 옆집에서 드릴을 빌려 호기 있게 도전. 어라. 손이 부들부들 떨리며 나사의 방향은 갈 곳 몰라 합니다. 작업시간이 얼마나 흘렀을까요. 애쓴 보람에 드디어 설계도 모양으로 얼추 완성. 아싸! 반듯한 형태는 아니지만 뿌듯한 마음이 하늘을 떠다닙니다. 남모를 성취감은 덤이죠. 이후 내방한 지인들의 찬사.

"의자 누가 만들었어. 디자인도 그렇고 튼튼해 보이네."

어깨와 목소리에 괜스레 힘이 뻗쳐집니다.

"내가 했지. 이거 만든다고 얼마나 용을 썼는데."

DIY 제품 판매로 유명한 스웨덴 가구 제조기업 IKEA. 이에서 파생된 IKEA effect(이케아 효과)라는 심리용어가 있습니다. 완성품이 아닌 직접 자신이 땀을 흘려 조립한 이케아 가구에 사람들은 더 애정을 가진다는 것입니다. 삶도 마찬가지입니다. 어렵지만 자신의 길에 힘을 쏟고 공을 들일 때 인생은 더 의미 깊게 와 닿습니다.

저서 『Flow(몰입)』으로 유명한 심리학자 미하이 칙센트미하이. 사람들은 몰입을 통해 행복감을 느끼게 된다고 말하며 다음과 같은 유형의 단계로 행복을 구분 짓습니다.

1단계. 가장 낮은 단계로 순수한 즐거움만을 추구합니다. TV시청, 홈쇼핑 상품 구입, 게임 등이 해당됩니다.

2단계. 조금의 노력을 기울이지만 수동적인 행복입니다.

가을철 단풍놀이를 즐기러 떠납니다. 노래방에서 한 곡조 뽑내어봅니다. 하지만 그때뿐. 효력이 오래가지는 않습니다.

3단계. 업무나 노동이 끝난 후의 달콤한 휴식입니다.

"모히또 가서 몰디브나 한잔할까?" 영화 〈내부자들〉에서 배우 이병헌의 유쾌한 대사입니다. 모든 이들의 로망 중 하나이지요. 하지만 칙센미하이는 이보다 높은 수준의 행복이 있다고 합니다.

4단계. 몰입을 통한 성취 경험이 그것입니다. 저의 사례가 그렇듯 이 단계에서 사람들은 가장 상위의 행복감을 느낄 수 있습니다. 진정한 몰입은 사람의 능력을 개발합니다. 성장할 수 있고, 자신감이나 자존감이 높아집니다. (출처 : 조선일보. 2015.1.17.)

가장 높은 단계의 행복. 자신이 잘할 수 있는 일을 통해 성취 경험을 쌓는 것이 중요합니다. 이에는 스스로의 탐색이 요구되어지며 강점 모색이 해법이 될 수 있습니다.

나에 대해 찾던 사십대 어느 날. '00강좌' 수강 중에 강사의 과제 하나가 주어집니다.

'현재 가지고 있는 것 중에서 자신을 나타낼 수 있는 상징물 하나를 찾아보세요. 유무형 상관은 없습니다.'

학습자들은 고개를 갸웃거립니다. 어색한 침묵에 이어지는 고민. 여러분이라면 어떤 것을 선정하였을까요. 손목시계, 안경 등 사람들의 발표가 이어지고 저의 차례가 되었습니다.

'저는 목소리라고 생각됩니다.'

뚱딴지같은 대답이었을까요. 다른 사람들의 이목이 집중됩니다. 다행히 강사는 내면적 에너지의 힘이 느껴진다는 덕담을 해 줍니다. 그 순간 저에게 짜릿한 감흥이 들이쳤습니다. 아! 나는 목소리로 먹고 살아야겠구나. 그토록 찾아 헤맨 강점을 그제야 자각하게 되었습니다. 덕분에 저는 지금 이처럼 강의를 하고 있습니다. 마이크를 잡고 대중 앞에 선다는 것. 제게는 존재의 의미를 일으키는 기회의 시간입니다.

"자신이 행복한 사람이라고 생각해?"

영화 주인공 꾸뻬씨는 행복여행을 떠나면서 만나는 이에게 이 같은 질문을 던집니다. 선뜻 답변하기가 쉽지 않습니다. 마테를링크 동화 〈파랑새〉에서처럼 사람들은 가까이에 있는 행복을 보지 못하기 때문이지요.

죽음 직전 사람들 수백 명을 인터뷰. 그들이 말하는 인생에서 꼭 배워야 할 것들을 정리한 《인생 수업》의 저자 엘리자베스 퀴블러 로스. 그녀는 우리에게 소소한 행복을 당부합니다.

마지막으로 바다를 본 것이 언제였습니까?

아침의 냄새를 맡아본 것은 언제였습니까?

아기의 머리를 만져본 것은?

정말로 음식을 맛보고 즐긴 것은?

맨발로 풀밭을 걸어본 것은?

파란 하늘을 본 것은 또 언제였습니까?

행복해지고 싶은 사람들을 위한 행복공식

영화 〈꾸뻬씨의 행복여행〉의 주인공인 헥터의 직업은 의사이다. 솔직히 그는 남부러울 것이 없다. 의사라는 직업이 주는 사회적 명성과 인기 그리고 넉넉한 경제력까지. 어디 그뿐인가? 회사에서조차 인정받는 실력의 소유자이자 미모도 출중한 여자 친구까지.

그는 소위 '전생에 나라를 구했나.' 할 정도로 잘 나가는 사람이라 할 수 있다. 하지만 난 절대 부럽지 않다. 부러우면 지는 것이… 아니다, 그냥 부럽지 않다.

하지만 웬일인가? 평상시 헥터의 얼굴은 밝지 않다. 분명 객관적으로는 아주 만족스러운 삶과 환경임에도 불구하고 그는 시간이 갈수록 우울 모드로 빠져든다. 이유가 뭘까, 고민에 고민을 거듭하던 헥터는 스스로 행복하지 않기 때문이란 결론을 내리고 행복이란 파랑새를 찾기 위해 모든 것을 내려놓고 여행길에 오르게 된다.

이 영화는 전형적인 로드무비다. 로드무비의 특징은 길을 떠나 사람을 만나고 이야기를 나누며, 여러 일들을 겪으며 삶의 의미를 깨닫거나 느끼는 것이라 할 수 있다. 헥터 또한 여행을 다니는 동안 다양한 사람들을 만나고 대화하며, 또한 아찔한 죽음의 순간까지도 경험하게 된다. 그러면서 하나씩 그는 행복의 의미에 다가가게 된다. 행복의 다양한 면과 함께 행복을 얻기 위해 스스로 어떻게 행동하고 느껴야 하는지를 조금씩 알게 되는 것이다.

헥터가 그토록 갈구하며 찾아 헤매던 행복, 이 행복을 얻을 수 있는 공식이 있다. 1970년 노벨경제학상을 수상한 미국의 경제학자 폴 새뮤얼슨 Paul Samuelson은 다음과 같은 공식을 만들고 이를 행복공식이라 명명했다.

$$\text{행복} \ = \ \frac{\text{소비}}{\text{욕망}} \ = \ \frac{\text{소유}}{\text{욕망}}$$

공식에 의하면 행복은 소비를 욕망으로 나눈 것으로, 소비와는 정비례, 욕망과는 반비례의 관계를 보여주고 있다. 이는 분자에 해당되는 소비나 소유가 늘어나거나 커지게 되면 행복은 더 충만해질 수 있지만, 반대로 욕망이 커지게 되면 행복은 작아진다는 것이다.

소비와 소유는 돈과 떼려야 뗄 수 없는 깊은 상관관계를 가지고 있는데, 그 때문에 소비와 소유를 늘리기 위해서는 필연적으로 많은 돈을 보유해야만 한다. 즉 부자여야 보다 행복을 쉽게 얻을 수 있다는 필요충분조건이 만들어지는 것이다.

부자가 아님에도 행복하길 원한다면 다른 방법을 활용해야만 한다. 즉 분모인 욕망을 낮춰야만 한다. 이 말은 곧 욕심을 부리지 말라는 것이다. 사고 싶고, 하고 싶고, 가고 싶은 많은 것들을 포기하면 할수록 행복으로의 길은 더 가까워진다는 것이다. 소비는 (돈을 통해) 늘리되 가능한 한 현실의 욕망(욕심)을 낮추는 것, 이것이 바로 행복공식의 본질이라 할 수 있다.

하지만 곰곰이 생각해 보면 이 공식에는 뚜렷한 문제점이 있음을 알 수 있다. 필자는 처음에 이 공식을 보며 '아, 그렇구나.' 하며 고개를 끄덕였지만, 시간이 갈수록 무언가 큰 오류가 느껴졌다. 부자가 아니라면 행복해지기 위해 욕망을 낮추라고? 한 번 사는 인생, 돈이 없다고 해서 욕망까지 포기하면 사는 게 무슨 의미가 있을까? 행복공식은 진짜 행복이 아닌, 삶과의 적당한 타협을 요구하는 것처럼 보여진다.

행복공식에 대한 차칸양의 반박

그렇다면 진짜 행복공식은 무얼까? 필자는 아래와 같이 새뮤얼슨 교수의 행복공식을 뒤집어 보았다.

$$행복 = \frac{욕망}{소비} = \frac{욕망}{소유}$$

수정한 공식에 의하면 욕망은 더 높이고, 소비와 소유를 낮출 때 더 행복해진다고 할 수 있다. 이렇게 보면 새뮤얼슨 교수의 말과 완전 반대라 할 수 있는데, 필자는 이 해법이 보다 더 현실적이며 실현 가능한 행복공식이라 생각한다. 왜냐하면 일반인들도 충분히 실행 가능한 방식이라 보기 때문이다.

이 공식에서 말하고자 하는 핵심은 돈에서 멀어질수록 더 행복해질 수 있는 가능성이 높아진다는 것이다. 즉 어차피 무한정 늘릴 수 없는 소비와 소유는 줄일수록, 그리고 자신이 펼칠 수 있는 욕망을 더 많이 실현할수록 행복은 늘어난다는 것이다. 사실 우리는 자본주의의 삶에 익숙해져 왔을 뿐 아니라 그 습성에 젖어 있다고 할 수 있다. 즉 거의 모든 생활이 돈과 연관되어 있으며, 그렇기 때문에 돈이 일상은 물론, 행복이란 감정까지 좌우하고 있다 보는 것이다.

소비와 소유는 어느 정도까지는 좋은 감정에 보탬이 되지만, 그 이상을 넘어가게 되면 사실 큰 의미가 없어진다. 오히려 나중에는 쾌락의 값만 무한대로 올라감으로써 중독 등의 부작용을 초래할 가능성이 커지게 된다. 그래서 오히려 소비와 소유는 적당한 수준에서 유지, 관리하는 것이 오히려 행복의 감정에 도움이 된다 할 수 있다.

행복을 위해 보다 더 중요한 것은 욕망의 실현이라 할 수 있다. 단, 이 공식에서의 욕망은 한 가지 조건이 붙어 있다. 바로 돈과 관련되지 않거나 혹은 최소한의 비용만으로 추구할 수 있는 욕망이라는 것이다. 사실 꾸뻬씨가 죽음을 무릅쓰며 찾아낸 행복의 요소들은 대부분 다 돈과 관련이 없다. 오히려 돈이 개입됨으로 인해 행복의 감정을 낮추거나 손상시킬 수도 있다.

우리네 인생에는 돈과 무관한 행복들이 너무나도 많이 존재한다. 우리는 그것들을 찾아 누리기만 하면 되는 것이다. 아래의 리스트는 내가 좋아하는 '콩두'라는 후배가 쓴 글 〈내가 사랑하는 것들 100가지〉(출처: 구본

형변화경영연구소) 중 일부를 옮겨 적은 것이다. 이러한 욕망들을 마음껏 누릴 수 있을 때 우리의 인생은, 그리고 행복의 감정은 더 단단하고 풍요롭게 펼쳐지지 않을까?

- 새벽 푸른빛
- 밤이 아침으로 변해가는 시간, 저녁이 밤으로 변해가는 시간 속에 고요히 머물기
- 가을 코스모스 길을 자전거 타고 가는 것
- 누워서 하늘 올려다보기: 봄, 뭉게구름, 나무 사이 햇살, 대열을 지어 나르는 새들
- 조용한 밤에 들리는 바람소리, 산새 소리, 벌레 소리, 개구리 소리
- 말없이 함께 있는데 이심전심으로 마음이 통할 때의 흐뭇하고 충만한 느낌
- 아기의 젖내음, 살내음
- 이뻐, 사랑해, 괜찮아, 고마워요, 잘했어, 내가 당신 옆에 있어요.
- 빈 속에 찐하게 마시는 모닝커피
- 엄마 음식 (날된장, 콩가루 넣어 홍두깨로 밀어서 삼동추 넣어 끓인 안동칼국시, 골뱅이국, 뭇국, 먹우나물, 동태전유어, 배추와 무를 다져서 끓인 떡국 국물에 밥을 마는 것)
- 밥 뜸 드는 냄새
- 도서관에서 책 읽기(나무를 내려다보는 창가면 금상첨화)
- 노트에 사각거리며 쓰기

_ 〈내가 사랑하는 것들 100가지〉 중에서 (콩두)

'행복' 표현은 넘쳐 나지만
행복지수는 낮은 나라

"자신이 행복한 사람이라고 생각하시나요?"

영화 주인공인 런던의 정신과 의사 헥터가 행복을 찾아 떠난 여행 중 중국 사원의 견습 수도승에게 했던 질문이다. 만약 여러분에게 똑같은 질문을 한다면 어떻게 대답할까. 아마 그렇다고 대답할 수도, 아닐 수도 있겠다. 어쩌면 아니라는 대답이 더 많을 수도 있을 것 같다. 한국은 행복지수가 낮은 나라로 손꼽히고 있기 때문이다.

행복한 사람인지 아닌지를 알려면 행복이 무엇인지부터 알아야겠다. 헥터처럼. 영화에서는 15가지를 이야기하고 책에선 22가지를 말하고 있는데 겹치는 것도 있고 다른 것도 있다. 행복이 전 세계적으로 화두가 되고 있고 누구나 행복하길 원한다. 부모는 자식이 행복하길 바라고 공부를 시키지만, 오히려 아이들은 불행한 아이러니가 생기기도 한다.

영화에서 교수가 농담처럼 '모든 건 올라가는데 행복은 떨어진다'고 한다. 여러 나라에서 경제성장과 행복의 상관관계 연구를 했다. 일본에서는

50년대 일본과 70년대 일본을 비교하며 경제적으로 20배 부유해졌지만 행복하다고 느끼는 사람의 비율은 변함이 없었다. 미국에서 일과 여가의 균형 잡힌 삶을 강조했던 학자이며 클린턴 대통령 재임 당시 4년 동안 노동부 장관직에 있던 로버트 라이시는 미국이 발전하도록 기여했지만 자신은 한 달 동안 아들의 잠든 얼굴만 봤다며 행복하지 않았다고 한다. 자신의 정책으로 미국인들이 경제적으로 윤택해지겠지만 가족과의 관계는 멀어지며 불행할 것 같다며 장관직을 그만두었다. 어쩌면 인간은 물질적인 욕구를 채우는 것에서는 행복을 느낄 수 없는 존재인가 보다.

한국도 언젠가부터 행복 표현이 넘쳐 나고 있다. 어디든 행복을 붙이고 있다. '동사무소'란 이름이 주민자치센터로 바뀌고 지방에선 여러 행정기관을 합쳐 행정복지센터로 명칭을 바꾸면서 줄여서 행복센터라고 한다. 그럼 왜 이렇게 행복이 넘쳐나는데 행복하지 않을까?

'행복이 형벌이 되어버린 시대'란 말이 있다. 행복하지 않으면 안 될 것 같은, 그래서 가장은 내가 내 아이를 행복하게 해 주지 못했다는 죄의식을 갖게 되기도 한다. 신기하게도 죄의식은 죄를 짓지 않는 사람이 더 커진다고 한다.

행복은 어쩔 수 없는 부분이 포함되어 있다. 행복을 목표나 목적으로 하는 것이 아닌 행복이라는 것에서 자유로워져야 행복할 수 있다.

영화 끝부분으로 가면 『행복은 부수적인 효과이다』의 저자인 교수의 강의 중에 존재만으로 행복했던 어린 시절에 관한 이야기가 나온다. 그러면서 행복에 집중할수록 달아난다며 반대로 몰입할 때, 공감할 때, 춤출 때 행복을 느끼며 일종의 부수적 효과라고 말한다. 행복의 추구보다는 무언가 추구할 때 오는 행복에 더 관심을 가져야 한다고.

중국의 사원에서도, 두뇌 테스트 중에서도 나오지만 행복은 한 가지의 감정이 아니라 '모든 것'이라고 암시하고 있다. 모든 감정들을 복합적으로 느끼면서 행복하다는 감정이 든다는 것이다. 매일, 모든 순간에서 행복할 수는 없다. 행복하다고 느끼는 순간은 주관적이며 순간이다. 그건 노력으로 되는 것도 아니며 타인이 판단할 수도 없다. 그래서 자신만의 행복을 정의해보는 것도 좋다.

"행복은 자신의 감정에 솔직한 것이다."

나만의 정의를 내려 봤다. 감정을 드러내지 않는 것이 어른인 것 같고 잘 웃지도 울지도 못하고 그러다 보니 표정도 없어진다. 다른 사람들 앞에선 더 하다. 물론 자신의 감정만 중요해서 타인에 대한 배려 없이 나의 감정을 강요하면 그건 폭력이다. 나의 감정에 솔직하다는 것은 내 감정을 들여다보며 스스로의 감정을 인정해 주는 것이다.

'아~ 이런 상황에서 나는 화가 나는구나. 슬프구나….'

솔직해지면 그걸 그대로 받아들이면 되는데 감정을 부인하면 방어기제가 작동해서 회피하거나 아니라고 부정하게 된다. 일부러 아무렇지 않은 듯 행동해야 하고 속으로 쌓아두게 되고 그러다 폭발하면 커진다.

행복에 관한 각자의 정의를 찾으면 자신에게 다시 물어보자.

"나는 행복한 사람인가?"라고.

윌 스미스
제이든 스미스
전 세계를 울린
기적 같은 실화
행복을 찾아서
The Pursuit of Happyness
11월 CGV 단독개봉

행복을 찾아서

행복을 찾아서(The Pursuit of Happyness, 2006)
감독 가브리엘 무치노
주연 윌 스미스, 제이든 스미스 외

미국 흑인 기업가의 실화를 바탕으로 한 영화 〈행복을 찾아서〉. 세일즈맨 크리스 가드너. 의료기기를 판매하며 생계를 이어가 보지만 삶이 절망적이다. 그런 그에게 기회가 찾아온다. 주식중개인 인턴직. 문외한이지만 아들의 삶까지 책임져야 하는 입장에서, 단 한 명의 정규직 전환에 들기 위해 사투를 벌인다. 현실은 판타지가 아니며, 사력을 다한 노력 없이는 바라는 행복이 일어나지 않는다는 사실을 깨우쳐 주는 영화이다.

심리편

살아남은 자의
행복

하버드대에서 '행복학' 강의를 하는 탈 벤 샤하르는 '행복은 하나의 순간이 아니라 경험의 총계'라고 하였습니다. 한순간에 터지는 로또가 아닌 과정이 축적된 오랜 시간의 결과물이 행복이라는 이야기이지요.

과정에는 일회성이 아닌 장기적 순간에 의한 결집이 요구되는데, 그 기본은 노력과 집중입니다. 그런 점에서 〈행복을 찾아서〉는 좋은 모델링을 제시해 줍니다. 오늘은 영화를 통한 도식화로 행복에 이르는 과정을 살펴보겠습니다.

1단계 : 욕구와 표적 설정

영화는 사실을 바탕으로 합니다. 사실이라는 토대는 삶의 진솔함이 배어 있습니다. 가공과 허상이 아닌 진짜의 이야기이지요. 주인공 크리스 가드너는 휴대용 의료기계를 파는 영업사원입니다. 실적을 올려야만 집세를 낼 수 있고 아내의 잔소리를 듣지 않게 됩니다. 하지만 영업이란 것이 어디 마음먹은 대로 되나요. 어느 날은 밥벌이인 기계를 도난당하기까지 합니다.

그런 그에게 멋진 자동차를 탄 정장차림의 한 남성이 나타납니다. 그를 바라봅니다. 나도 저렇게 되고 싶다. 행복을 이루기 위한 첫 단추는 그렇게 되고 싶다는 욕구와 표적 설정입니다.

2단계 : 선택의 책임

신이란 존재는 묘하죠. 갈등의 순간에 선택의 권한을 내세우며 내린 결정에 따른 책임을 요구합니다.

주인공은 주식중개인 인턴직을 제안 받습니다. 그런데 이런. 월급이 없으며 정규직이 된다는 보장도 없습니다. 6개월의 기간. 참여자 스무 명 중에서 한 명만이 살아남는 서바이벌 게임. 시험을 치러야 하고 인턴 기간 동안 매출 실적이 우선입니다. 소득이 없기에 시간을 쪼개 의료기기를 팔아야 생활비도 충당할 수 있습니다.

어떤 결정을 내려야 할까요. 합격을 장담할 수 없는 미래인 그곳을 선택해야 할까요. 아니면 현재 하고 있는 업에서 승부를 걸어야 할까요. 성공 혹은 실패. 어느 길을 선택하던 그 결과는 예측하기 힘듭니다.

저도 회사에 재직 중 새로운 길을 모색키 위해 다른 문을 두드린 적이 있습니다.

상담자 왈.

"집이 잘사세요?"

"아니요."

"벌어놓은 돈이 많으세요?"

"아니요."

일부러 으름장을 놓는 것일까요.

"일 년 정도 아무런 벌이가 없을 수 있는데 괜찮으시겠어요."

머릿속이 복잡해집니다. 크리스 가드너도 비슷한 심정이었겠지요. 최악의 경우 집에 생활비를 가져다 줄 수 없다는 이야기. 어찌했을까요. 저는 주인공처럼 나아가지 못했습니다. 현실적 제약이 저를 다니던 직장에 안주하게 하였던 것이죠.

3단계 : 상상의 체득화

목표 달성을 위한 수단 중 하나로 슬로건 설정과 시각적 형상화 작업이 있습니다. 모치즈키 도시타카가 쓴 『보물지도』가 이를 위한 팁을 제시합니다.

2절지 도화지를 준비하여 자신이 바라는 꿈들의 리스트를 기재합니다. 구체적 달성기한까지. 그리고 그것에 어울리는 이미지나 사진을 검색합니다. 인터넷 또는 관련 잡지 등을 통해. 다음으로 사진을 오려 리스트 위에 붙입니다. 그리고 가장 잘 보이는 곳에 전시해 놓습니다. 중요한 점은 이를 바라보며 가슴에 매일 새기는 작업입니다. 자신이 바라는 꿈들을 향한 세부실행계획도 필요하지요.

주인공도 이런 작업을 하였을 겁니다. 감내하기 힘든 현실이지만 정규직으로 선발되는 장면을 수없이 그려보았겠죠. 그것이 상황을 이겨내는 힘이 되기 때문입니다.

4단계 : 오늘에의 경주

크리스 가드너는 자신이 바라는 미래를 꿈꿉니다. 무엇보다 그에게는 부양해야 할 아들이 있었습니다. 그렇기에 쉽게 포기할 수는 없었죠. 그는 이야기합니다.

"인턴 경쟁에서 살아남아야 한다고요."

행복을 찾기 위한 과정은 판타지가 아닙니다. 지독한 현실입니다. 이 세계를 영화는 너무나 사실적으로 보여줍니다. 묵을 곳이 없어 아들과 함께 지하철 화장실로 향하는 장면. 누가 올까 두려워 문을 잠그지만 이어지는 노크 소리. 문고리에 손을 걸고 애써 잠을 청합니다. 차가운 바닥 위에서 흘리는 눈물. 어찌 이리 살아왔을까요. 내 인생은 왜 이럴까요. 무료 숙식을 해결해 주는 교회 시간을 맞추기 위해 아이의 손을 잡고 사력을 다해 뛰어가기도 합니다.

절박합니다. 자신이 취업해 돈을 벌지 않으면 숙식을 해결할 공간도, 아들을 맡길 어린이집 비용도 충당하지 못합니다. 아들을 위탁기관에 보내도 되지만 그는 고집합니다. 아버지로서의 책임을 다하기 위해. 그런 현실임에도 그는 도망치지 않습니다. 자신만이 이 암울한 현실을 헤쳐 나갈 수 있는 주체이기 때문입니다. 그는 뛰고 또 뜁니다. 자동차에 치이고, 구두를 잃어버려 한쪽만 신고 다니면서도 그는 정규직으로의 목표를 위해 오늘을 경주합니다. 그것이 행복으로 이르는 유일한 길이었기에 그러합니다.

크리스 가드너의 행복에 이르는 유일한 길은 아들을 지켜야 한다는 그리고 그 자신 꿈을 이루기 위한 각고의 땀방울이었습니다. 행복은 낭만이 아닌 처절한 현실의 극복임을 영화는 보여주고 있습니다.

경쟁 없이
행복하게 살 수 있다면

경쟁의 경제학

'세금으로 계좌의 돈을 빼앗기고 남은 돈은 고작 21달러 33센트가 전부였다. 빈털터리가 됐다.'

영화 〈행복을 찾아서〉의 주인공 크리스 가드너는 하루하루 경제적으로 힘겹게 살아가던 중 미납했던 세금까지 강제 추징당하며 결국 수중에는 21달러밖에 남지 않게 된다. 우리나라 돈으로 고작 2만 원이 조금 넘는 돈. 정말 아무것도 할 수 없는 상황이 되고 만 것이다.

하지만 불굴의 크리스는 절대 포기하지 않는다. 학력도, 경력도 내세울 것 없지만 그럼에도 어렵사리 주식중개인 인턴으로 들어가고, 다시 정규직으로 채용되기 위한 바늘구멍에 도전한다. 어린 아들을 돌볼 시간을 벌기 위해 그는 화장실 갈 시간도, 심지어 물 마실 시간까지도 아껴가며 일하는데, 그에게 남은 건 오로지 하나. 20:1의 경쟁률을 뚫고 정규직에 합격하는 기적을 가져오는 것뿐이다.

원래 크리스의 직업은 의료기기 판매원이었다. 하지만 어느 날 갑자기 그의 삶의 행로를 바꾸게 되는 일이 벌어진다. 우연히 도시 한복판에서 멋진 빨간색 스포츠카에서 내리는 사람을 보게 되고, 그는 자신도 모르게 이런 질문을 던진다.

"근사하군요. 2가지만 물어볼게요. 무슨 일을 해요? 어떻게 성공했어요?"

"주식중개인이에요."

"그렇군요. 멋있네요. 대학을 나와야 하죠?"

"아뇨, 숫자에 밝고 사람과 잘 어울리면 돼요. 그게 다예요."

크리스는 이 짧은 대화를 끝낸 후 이렇게 중얼거린다.

'아직도 그 순간을 기억한다. 거리의 모든 사람이 너무나 행복해 보였지. 난 왜 그럴 수 없었을까?'

열심히 일하면 모든 게 잘 될 거야…

위 대사를 보며 예전 다니던 직장 후배의 말이 떠올랐다. 그는 누구보다 열심히 일했다. 성격상 조금 막힌 구석이 다소 있긴 했지만, 열성만큼은 누구도 따라올 수 없을 정도였다. 하지만 결국 그에게 돌아온 건 권고사직이었다. 그의 나이 40대 중반의 일이었다. 그는 나에게 이렇게 하소연했다. "열심히 일하면 모든 게 잘 될 것이라 믿었는데, 왜…."

대한민국의 직장인의 삶은 경쟁의 연속이다. 마치 스테이지마다 의자가 한두 개씩 줄어드는 의자놀이를 하듯, 생존을 위한 경쟁에서 살아남아야만 한다. 이런 구조 때문에 다른 어떤 나라의 사람들보다 더 열심히 일하는 것이 바로 우리나라 직장인들이라 할 수 있다. 하지만 그럼에도 불구하고 모두가 잘 사는 것은 아니며, 심지어는 대부분의 사람들이 노후의 삶까지 걱정하며 살아야만 한다. 대체 무엇이 문제인 걸까?

7, 8년 전쯤 말레이시아 코타키나발루란 곳으로 짧은 패키지여행을 다녀온 적이 있다. 이동하는 버스 안에서 30대 초반의 젊은 남자 가이드가 길가의 스쳐가는 바나나 나무들을 가리키며 이런 이야기를 한 적이 있다.

"한국에서는 큰 바나나를 먹는다죠? 이곳에서 저런 바나나는 사료용으로나 쓰지 식용으로는 먹지 않아요. 사람이라면 당연히 당도가 높은 몽키 바나나를 먹어야죠."

물론 농담일 것이다. 하지만 이어진 이야기는 절대 농담으로 들리지 않았다. 자신의 소득 수준이 그렇게 높지 않음에도 집에는 방마다 에어컨이 있고, 또 거의 매일 24시간을 틀어놓은 채 생활한다는 것이다. 그래 봤자 한 달 전기료로 3만 원밖에 나오지 않으니 굳이 아끼지 않아도 된다는 것이다. 또한 웬만한 식재료뿐 아니라 외식비까지 저렴하다 보니 먹는 비용을 아끼지 않더라도 별 부담이 없으며, 집값 또한 싸니 많이 벌지 못하더라도 대부분의 사람들이 먹고사는 걱정 자체를 하지 않는다고 한다.

머리를 세게 한 대 맞은 것 같았다. 충격이었다. 뭐지? 한국에서는 더 많은 돈을 벌기 위해 악착같이 모으고 벌어야만 어느 정도 살아갈 수 있는데, 이곳에서는 얼마 벌지 않아도 돈 걱정 없이 살 수 있다고? 동남아시아 국가들이 한국보다 낮은 GDP 수준에도 불구하고 왜 행복지수가 더 높은지 그 이유를 알 수 있었다. 결국 차이점은 높은 소득이 아니라 낮은 생활비와 물가였다. 죽느냐 사느냐의 생존 경쟁을 하지 않더라도 어느 정도 먹고사는 데 문제가 없다면 굳이 경쟁을 할 필요가 없기 때문이다.

크리스는 엄청난 노력을 통해 결국 경쟁에서 승리한다. 정식 주식중개인으로 자리 잡으며 삶의 행로를 바꾸게 된다. 그리고 몇 년 경력을 쌓은 후 자신의 투자 회사를 차리게 되고, 이후 회사를 키워 지분 매각으로만 수백만 달러를 벌어들인다. 빈털터리에서 백만장자로, 소위 인생 역전의 주인공이 된 것이다.

영화에서 크리스는 경쟁에서 이기는 순간을 '행복'이라 표현한다. 하지만 살짝 반감이 들었다. 행복일 수는 있겠지만, 다른 19명을 제치고 얻은 행복이기 때문이다. 물론 필자 역시 같은 상황이었다면 크리스처럼 기뻤을 것이다.

그러나 그보다는 이런 경쟁이 만든 체제, 즉 보다 많은 사람들이 죽어라고 열심히 해야만 어느 정도 살 수 있고, 더불어 남을 눌러야만 내가 살아남을 수 있는 이런 체제가 아닌, 모두가 평범하게 살더라도 큰 걱정 없이 여유 있게 살아갈 수 있는 그런 세상을 꿈꾸는 건 필자만의 욕심인 걸까? 경쟁에서 이겼을 때만 얻을 수 있는 행복보다는, 경쟁 없이 누구나 행복해질 수 있는 사회에서 살고 싶다는 소망을 품어본다.

행복의 조건은
뭐가 있을까?

불행하지 않다고 모두 행복한 것은 아니지만 행복의 필요충분조건은 존재할 것 같다. 현대와 같은 자본(돈)이 중요한 시대엔 경제적으로 불안정하면서 행복하다고 느낄 수 없다. 상대적 박탈감이 클 테니까. 그럼 행복의 조건은 뭐가 있을까?

영화 〈행복을 찾아서〉에서의 크리스 가드너는 '아들과 함께하는 삶'이 무엇보다 중요했고 아들이 자신처럼 아버지가 없이 자라게 하고 싶지 않아 지하철 화장실에서 자더라도 아들과 함께 했다. 영화에서는 배경처럼 가족이 함께 식당에서 식사하거나 차를 타고 웃으며 지나가는 사람들을 보여준다. 평범한 일상들이지만 크리스에겐 너무도 소중하고 행복한 모습이다.

행복의 조건으로 경제력, 가족, 사랑 중 무엇이 가장 중요하다고 생각하는지 한 가지만 고르라고 한다면 어떤 것을 선택할까? 지금 당장 먹고사는 문제를 해결해야 하는데 사랑 타령을 할 수 없을 것 같다. 그래서 〈매슬로우의 욕구이론 5단계〉 중 가장 하위가 생리적 욕구이고 이것이 채워져야 다음으로 안전의 욕구로 넘어가고 마지막 자아실현의 욕구가 생긴다고 했다.

생리적 욕구는 먹고 자는 의식주인 아주 기본적인 욕구에 해당한다. 그런데 크리스는 이 생리적 욕구가 채워지지 않는 삶을 살았다. 당장 잘 곳이 없었다. 이를 해결하기 위해 지금 바로 수입이 되는 일을 하는 것이 맞다. 하지만 월급도 나오지 않는 인턴 생활을 6개월 동안 한다. 이는 자아실현의 욕구인데 그럼 어떻게 된 것인가? 〈매슬로우가 말한 5단계 욕구이론〉이 그래서 잘못되었다는 지적이 나왔다. 매슬로우 역시 죽기 전 오히려 거꾸로 돼야 한다고 말했다고 한다. 인간은 자아실현의 욕구가 인간의 원초적인 욕구라고 말이다.

자아실현의 욕구가 채워질 때 인간은 행복하다고 느낀다. 반대로 생리적 욕구, 안전의 욕구를 채우려고 발버둥을 치지만 행복하지 않다. 크리스의 부인이 그런 사람이다. 본인 입으로도 "난 행복하지 않아."라고 했고 그런 부인을 보며 "아마도 행복은 늘 쫓아다녀야 하는 대상일 뿐 절대 잡히지 않는 건지도 모른다."라는 크리스의 내레이션을 한 이유이기도 하겠다.

인간의 감정 중 '희'와 '락'이 있는데 어떻게 다를까? 희와 락의 감정을 느끼면 행복한 거 아닐까? '희喜'라는 감정은 인간에게만 있는 감정이라고 한다. '락樂'은 즐거움, 쾌락으로 말초적이고 즉각적인 감정으로 이는 동물도 가지고 있다. 반면 기쁠 희는 고통을 감수하고 노력을 통해 얻게 되는 감정이고 힘들고 어려움을 극복하고 얻는 것이기에 더욱 기쁠 수 있다. 동물은 미래를 위해 당장 힘들고 고통이 되는 것을 참는 행동을 하지 않는다. 물론 이마저도 동물에 대한 인간의 일방적인 생각일 수도 있겠지만.

크리스가 아들에게 "아들, 누가 넌 할 수 없다고 하면 마음에 담아 두지 마. 아빠가 그래도 말이야. 꿈이 있다면 지켜야 돼. 사람들은 자기가 못하면 남들도 못한다고 말하거든. 하고 싶은 일이 있으면 끝까지 밀어붙여." 라고 한다. 이건 아들이 아닌 자신에게 하는 말일 수도 있다. 그러면서 긍정적인 것과 낙관적인 것의 차이를 생각해 보게 됐다.

두 차이는 어려움을 겪을 때 어떻게 대처하느냐에 따른 것으로 낙관론자는 막연히 '잘 될 거야' 라고 생각하며 어떤 행동도 하지 않는 사람이며, 긍정적인 사람은 '하면 된다. 할 수 있다' 라고 생각하고 행동으로 옮기는 사람이다. 그래서 낙관론자가 아닌 긍정적인 사람이 되어야 한다.

그런 면에서 크리스는 긍정적인 사람이다. 어려운 상황이지만 낙관적으로 '잘 되겠지'가 아니라 할 수 있다는 걸 입증해 보였다. 경제적 여유가 없으면 심리적 여유가 없는 것이 당연해 보인다. 크리스의 부인처럼 말이다.

그런데 크리스는 경제적 여유가 없음에도, 그런 척을 하는 건지 모르겠지만 아들에게 위트 섞인 농담을 하고 무료 잠자리조차 얻지 못해 지하철 공중화장실 맨바닥에서 잠을 자면서도 "공룡을 피해 동굴로 숨자"고 농담을 하는 것을 보면 '희'를 알고 있는 긍정적인 사람이다.

크리스는 행복의 조건으로 아들과 함께 하는 삶을 지키는 것을 선택했고 이를 지키기 위해서는 어떠한 것도 참고 버틸 수 있었다. 결국 내가 지키고자 하는 것이 있는 사람은 행복할 수 있는 사람인 것 같다. 그런 사람에게 미래도 있고 자아실현의 욕구도 존재한다. 그것이 나의 존재 이유다. 내가 살아야 하는 이유, 존재해야 하는 이유가 분명한데 어떻게 행복하지 않을 수 있을까.

오지게 재밌게 나이듦

칠곡 가씨나들

김재환 감독 · 박금분 · 곽두조 · 강금연 · 박월선 · 안윤선 · 김무선 · 이원순 · 박복형 · 주석희
관계관람가

2019.02.27

인생 참말로 고맙데이

GRANNY POETRY CLUB

칠곡 가시나들

칠곡 가시나들(Granny Poetry Club, 2018)
감독 김재환, 주연 박금분, 곽두조, 강금연, 안윤선, 박월선

 몸은 80대지만, 마음만은 여고생인 할머니들. 가가거겨 글을 배웠더니 세상을 향한 눈이 떠지고, 지겹던 일상이 신기하고 즐겁게 다가온다. 시가 별 거 있나, 마음에서 우러나면 다 시인 거지. 갈 때 가더라도 실컷 '재매끼' 놀다 가뿌야지. 오지게 재밌게 나이듦을 전면에 내세운 본격 웰컴 투 에이징 영화 〈칠곡 가시나들〉, 칠곡 할매들이 조금이라도 부럽다면 당신이 아무리 젊다 해도 지는 거다.

진짜
행복의 비결

'LEGO'라는 기업의 블록제품을 가지고 놀았던 추억이 있을 겁니다. 대중의 인기에 회사의 매출도 높았었지요. 그런데 1990년대 들어 위기를 맞게 되었습니다. 고객층 주류인 아이들이 당시 비디오 게임기에 몰두하였기 때문입니다. 시각적 자극을 도발하는 유혹에 전통의 손으로 조립하는 완구가 살아남는 게 어려운 세상이 되었지요.

회사는 난국을 타개하기 위해 컨설팅 회사의 조언을 듣습니다. 그리고 답을 찾기 위해 아이들을 직접 관찰, 인터뷰를 하여 예상 밖의 반응을 얻습니다. 아이들은 직접적이고 즉각적으로 제공된 즐거움도 좋아하지만, 오랜 시간을 투자하여 어려운 기술을 익히고 이를 자랑하는 것에서도 큰 즐거움을 느낀다는 사실을 말이죠. 레고는 이때부터 힘도 더 들고 시간도 더 오래 걸리지만, 스스로의 성취감을 느끼게 해 줄 수 있는 장난감을 개발하게 되었습니다. (출처 : 최진석 저『탁월한 사유의 시선』)

일흔이 훌쩍 넘은 어르신들이 계십니다. 이들의 관심사는 무엇일까요. 노인정에서 신세를 한탄하며 화투를 치는 것일까요. 아니면 마이크를 잡고 잘 나가는 트롯 가수의 곡을 한 곡조 뽑는 것일까요. 맞습니다. 그런데 또 다른 관심사가 생겼답니다. 뭐냐고요?

"마을에 한글학교가 생겼다. 글자를 아니까 사는 게 더 재미있다."

그 연세에 한글을 배운다? 어떻게 생각하시나요. 설령 한글을 익힌 데도 기억을 할 수가 있을런지. 쉽지 않겠지요. 젊은 사람도 새로운 공부를 한다는 것이 어려운데. 그럼에도 그들은 배우는 재미가 쏠쏠하다고 합니다. 간판을 읽을 수 있게 되고 일기와 시를 쓰는. 까닭이 무엇일까요. 서두에 예시로 든 레고 기업 사례를 통해 이를 엿볼 수 있습니다.

1. 오랜 시간의 투자

요즘 같은 시기에 한글을 모르는 사람들이 있나? 의아스럽게 여기는 분도 있겠지만 사실입니다. 2017년 문해교육실태조사에 따르면 18세 이상 국민 중 일상생활에 필요한 기본적인 읽기, 쓰기가 불가능한 사람이 311만 명이라고 합니다. 이는 전체 성인인구의 7.2%에 해당하는 수치이고 대부분은 장년층 부모님 세대입니다.

대한민국이 경제적으로 힘들었던 시절. 학교 진학보다는 집안 생계를 돕는 목적이 우선이었던 그들. 그러다 보니 남들보다 뒤처지는 결과가 파생되었습니다. 간판 상호를 읽지 못해 낭패를 당하고, 동사무소에서 관련 서류를 떼지 못하며, 떠오르는 생각들이 있어도 글로 남기지를 못합니다.

두 가지 부류가 있습니다. 살기 불편하고 어렵지만 그냥 그것을 삶의 숙명으로 여기는 유형. 반대로 그것을 어떡하든지 극복하려는 유형. 〈칠곡 가시나들〉 일곱 분 할머니들은 후자 유형입니다. 그들은 한글을 모른다는 불편함과 자존심 상함에 늦은 나이에 도전을 시작합니다. 자신과 자식들에게 떳떳해지기 위해. 어릴 적 한글을 익히지 못했던 서러움을 떨치기 위해 발을 내딛죠. 예상은 했지만 쉬운 게 아니었습니다. 손자의 같은 배움에 비해 시간은 한없이 더딥니다. 그럼에도 그들의 배움 욕구는 이를 감내합니다.

2. 어려운 기술을 익힘

그때의 시간으로 잠시 돌아가 볼까요. 옹알이를 통해 엄마, 아빠 호칭을 반복하고 가, 나, 다 등의 단어들을 노트 네모난 칸에 적어 나갔습니다. 구조와 문장을 익히기 위해 비뚤비뚤한 글씨이지만 수십 번 수백 번을 적고 연습을 합니다. 수업시간이면 받아쓰기시험을 쳤고 빨간 색연필로 씌어진 100점 점수를 맞노라면 하늘을 날아갈 것 같은 기분을 느꼈습니다. 이런 학습 과정은 어린 시절부터 익히는 게 아무래도 효과는 배가됩니다. 인간의 두뇌구조 발달이 그 시기에 대부분 형성되기 때문입니다.

이런 과정을 까마득히 흘려버린 어느 날. 마을에 한글학교가 들어섰네요. 호기심에 젖은 영화의 주인공들. 그 시절의 아이들처럼 재잘거리며 그들에게는 정말 벅찬 한글이란 어려운 기술을 익히기 위해 모였습니다. 그 고난의 흔적을 한 분의 시가 대변해 줍니다.

'80너머가 공부할라카이 보고 도라서이 이차뿌고 눈뜨면 이차분따.'

(의역 : 80넘어서 공부하려고 하니 보고 돌아서니 잊어버리고 눈뜨면 잊어버린다.)

가까운 이들도 한마디씩 거듭니다. 그 연세에 손자들 재롱이나 보고 즐기시지 뭐하려고. 이제 가실 날도 얼마 남지 않았는데….

그러게요. 그들은 왜 힘든 고생을 사서 할까요. 그것은 자신에게 부끄럽지 않으려고 하는 자주성 때문입니다. 남들이 뭐라고 하던 스스로 떳떳해

지려는. 이는 인간을 인간답게 살아가기 위한 중요한 요소 중 하나이지요. 물론 이 같은 느낌을 체험하고 싶어도 시작을 못 하는 이들도 있지만요.

3. 자랑 그리고 큰 즐거움

초등학교 시절. 선생님에게 '참 잘 했어요' 도장을 받은 기억이 아직도 선명합니다. 이처럼 칭찬, 격려, 지지는 인간의 성장에 큰 동인動因이 됩니다. 과정의 어려움에 욕구를 이어나가게 하는 힘이 되는 것이지요. 그들은 배운 실력을 발휘합니다. 거리를 다니면서 가게 간판을 소리 내어 합창합니다. 본인의 이름을 써보네요. 선생님의 얼굴을 그림으로 표현하고 성함을 적습니다. 난생처음 자식들에게 편지도 써서 띄워봅니다. 편지를 쓰는 이나 읽는 이 모두 울컥합니다. 못 배웠던 설움의 탈출과 맺혀왔던 한이 풀리는 것 같습니다.

'내가 글 쓰는 걸 영감한테 자랑하고 싶다.'

알리고 칭찬도 받고 싶습니다.

상기된 표정으로 입고 싶었던 까만색 교복을 입고 무대 위에서 장기자랑을 하여 박수갈채도 받습니다. 그렇군요. 이게 인생의 사는 재미이군요. 늦었지만 늦은 대로 노력한 행복을 만끽합니다.

진짜 행복의 비결. 새로운 일에 대한 도전과 학습 그리고 과정을 통한 만족감과 기쁨입니다. 이는 스스로가 쟁취한 결과물에서 획득될 수 있습니다.

돈걱정 없이,
갈 때 가더라도 신나게

안녕~

할매 세 명이 케이블카를 타고 산을 오르고 있다. 내려서는 힘겹게 계단을 딛고 어디론가 향한다. 가는 날이 장날이라고 하필이면 비까지 주룩주룩 내린다. 도착한 곳은 계곡에 위치한 폭포. 장대한 물줄기가 힘차게 뿌려지고 있다. 장관이다. 하지만 웬일인지 할매들의 표정에는 아쉬움이 가득하다.

"(비가 와서) 아깝다. 저걸 못 맞으니까. (비만 오지 않았으면) 폭포에 들어가 시원하게 맞을 텐데."

한 할매가 약간의 한숨조로 이렇게 말하자, 다른 할매가 말을 잇는다.

"여기 언제 한번 (다시) 오겠노."

그러자 두 할매가 합창하듯 이렇게 소리친다.

"이제 죽어도 못 온다. 우리 한번 가면 다시 못 온다." 그리곤 허탈한 웃음으로 덧붙인다.

"안녕~"

인류의 모든 역사를 들여다보아도 사람은 누구나 죽음을 맞이한다. 예외는 없다. 삶을 죽음의 관점에서 본다면 사람은 출생 시점부터 자신만의 생명시계를 지니고 태어나며, 이 시계는 언제어디서든 죽음을 향한 카운트다운 중이라 할 수 있다. 결국 사람은 죽음을 기다리며 사는 존재다. 그렇기 때문에 유한한 삶의 시간들이 더 소중하게 다가올 수밖에 없는 것이다.

돈걱정 없이 살기 위해서는

영화 〈칠곡 가시나들〉은 늦은 나이에 한글 공부를 하는 할매들의 이야기이다. 문맹이었던 할매들은 읍내 간판을 읽기도 하고, 자신의 이름과 자식들 그리고 손자, 손녀의 이름을 써보며 신기해 한다. 늦게나마 글을 읽고 쓴다는 것이 이런 큰 기쁨을 가져다 주며 더불어 사는 게 더 재밌어졌다고 말한다.

이런 할매들과는 별개로 OECD 자료에 의하면 부끄럽게도 대한민국의 노인 자살률은 세계 1위를 기록하고 있다. 2019년 기준 인구 10만 명당 우리나라의 전체 자살률은 약 26.9명을 기록하고 있는데, 10대부터 50대까지가 약 23.2명임에 반해, 60대 이상은 49.1명으로 2배를 넘기고 있다. 또한 노인의 11%는 60세 이후 '자살을 생각해 본 적이 있다' 답했으며, 그 이유로는 역시나 경제적 빈곤이 40%로 가장 높았다. 젊었을 때는 고생을 해도 미래에 대한 희망으로 버틸 수 있었지만, 노인이 되어 맞이한 가난은 죽음까지 생각할 정도로 심각한 문제로 다가왔기 때문이라 할 수 있다.

칠곡 할매들의 일상을 보면 경제적으로 크게 부유해 보이진 않는다. 그저 시골의 허름한 집에서 혼자 살아가고 있으며, 가끔 동네 냇가에 모여 함께 빨래를 하며 막걸리 한잔씩 걸치기도 하고 봄이 되면 나물을 캐기 위해 들로 나서기도 한다. 하지만 어느 누구도 돈에 대해 크게 걱정하지 않는다. 부자이기 때문이 아니라 돈의 많고 적음이 노후생활에 미치는 영향 자체가 크지 않기 때문이다.

부자가 된다는 것은 많은 사람들의 경제적 소망이라 할 수 있다. 하지만 바람대로 부자가 되는 사람들은 극히 일부에 불과하다. 벌 수 있는 돈에는 한계가 있기 때문이며, 자본주의 특성상 현재의 부자가 더 큰 부자가 될 확률이 높기 때문이다. 그렇다면 일반 사람들은 어떻게 살아야 할까? 돈에 대한 기준을 어떻게 세워야만 할까?

필자는 졸저 『돈 걱정 없이 잘 살고 싶다면』에서 다뤘던 '최경자(최소한의 경제적 자유)'를 대안으로 제시한다. 노인이 되었을 때 내가 이 정도면 '돈 걱정 없이 살 수 있겠다'란 '최경자' 기준을 정하고 젊을 때부터 이를 준비하는 것이다. 이때 가장 중요한 포인트는 '최소한'이다. 여유가 많거나 혹은 희망치를 많이 넣어 기준을 설정할 경우 우리가 원하는 목표치에 도달하기 어렵기 때문이다. '최소한 이 정도라면 돈에 대한 걱정을 안 해도 되겠다'가 바로 최경자의 기준이라 할 수 있다.

예를 들어 월 250만 원이 최경자의 기준이라면 기본적인 연금(국민연금, 개인연금, 퇴직연금 등)외 추가적인 수입 포트폴리오를 마련함으로써 해당 금액이 지속적으로 내 수중에 들어올 수 있도록 세팅해 놓는 것이다. 이렇게 되면 조금 부족할 수도 있겠지만, 그렇다고 해서 돈 때문에 나의 일상이 흔들리는 경우는 없게 되는 거다. 특히나 노인 세대라면 더 말할 것도 없을 것이고.

최경자가 준비된다면 이후에는 노후를 행복하게 만끽하며 살면 된다. 칠곡 할매들처럼 한글 공부에 매진해도 되고, 시를 쓰며 그동안 몰랐던 세계를 경험해도 좋을 것이다. 사실 인생이란 게 솔직히 별 거 없지 않을까? 갈 때 가더라도 재밌고 즐겁게 살다 제 수명을 마치고 가는 것, 그게 인생의 큰 목적이자 살아가는 이유라 할 수 있지 않을까?

박금분 할매는 〈내 마음〉이란 시를 통해 이렇게 말하고 있다.

몸이 아푸마
빨리 주거여지 시푸고
재매끼 놀 때는
좀 사라야지 시푸다
내 마음이 이래
와따가따 한다

특별히 몸 아픈데 없이 건강하고 또 하루하루가 재밌고 즐겁다면 빨리 가야 할 이유가 없을 것이다. 사는 게 신나는데 당연히 오래 살다 가야 하지 않을까? 갈 때 가더라도 말이다.

글자를 읽는 것과
글을 읽는 것

미디어 리터러시 교육의 중요성을 강조하고 있다. 대부분의 사람들은 리터러시가 뭔데요? 하고 되묻는다. 리터러시란 읽고 쓰는 능력, 문해력이라고 말해도 정확하게 무슨 말인지 이해하는 것 같지 않다. 리터러시란 외래어 자체가 가지는 모호함으로 명확하게 이해되지 않는다. 문해력 역시 마찬가지다.

'읽다'라는 동사를 어떨 때 사용하는지 질문을 하면 대부분 글을 읽다, '책을 읽다'라는 답을 한다. 그럼 내가 더 생각을 해보라고 하면 그제야 마음을 읽다, 의미를 읽다 같은 추상적인 내용의 '읽다'를 이야기한다. 국어사전에 '읽다'라는 동사의 의미는 10가지로 성격을 이해하다, 특징을 알아차리다 등으로 설명되어 있다. 단순히 글자를 읽는 것이 아닌 이해하고 알아차리는 것이 포함되는 있는 것이고 우리도 그렇게 표현하고 있다.

〈칠곡가시나들〉 다큐 영화 속 일곱 할머니는 글자를 읽고 쓰는 단계, 즉 문맹에서 벗어나는 단계다. 글자를 아는 것과 모르는 것은 차이가 너무도 크다. 한글의 우수성 덕분에 한국의 문맹률은 낮은 반면 실질 문맹률이라 부르는 문해력은 높지 않다.

영화가 시작되면 할머니들이 시장에 가서 간판을 읽는 장면이 나온다. 글자를 읽는 것이다. 그런데 글자의 뜻, 의미를 알지 못하는 단어들도 있다. 우리도 마찬가지인 경우가 있다. 예를 들면 외래어들이다. 리터러시란 단어도 읽을 수는 있지만 모르는 것처럼. 영어를 배운 사람은 영어로 쓰인 글자를 읽을 수 있다. 하지만 그 뜻을 아는 것은 다르다.

김성우와 엄기호의 대담집 『유튜브는 책을 집어삼킬 것인가』에 삶을 위한 말귀라는 부제가 붙었는데 영화를 보며 다시 생각하게 되었다. 우리는 리터러시란 정의를 내리고 그 정의에 부합되는 사람은 문해력이 있는 사람으로 그 외 사람들은 교육해야 하는 대상으로 여기는 것 자체가 권력이라는 것이다. 양쪽 세대, 즉 글자 자체를 모르는 노인세대와 영상을 더 선호하고 말줄임으로 또는 초성으로 대화하는 10대를 가르쳐야 할 대상으로 산정하는 것이 사회적 권력이다. 글자를 아는 사람이 권력자였던 것과 마찬가지다. 만약 노인세대나 10대인 지금의 시대에 태어났다면 그들과 달랐을까. 나 역시 그들과 별반 다르지 않았을 것이다.

『유튜브는 책을 집어삼킬 것인가』에서는 그와 더불어 표준어가 아니어도 그 세대가 구사하는 말 자체가 가지는 중요성을 강조하기도 했다. 구술생애 작가가 있다. 입말 그대로 옮겨 글을 쓰는 작가로 전쟁을 겪은 사람들, 여성상인들, 청년들처럼 특정 대상을 정해서 그들을 만나고 글을 쓴다.

사랑 (박월선)

사랑이라 카이

부끄럽따

내 사랑도 모르고

사라따

(후략)

칠곡 할머니 중 한 분의 시인데 일곱 분 할머니들의 시가 대부분 이렇다. 소리 나는 대로, 사투리 그대로. 팔십이 넘어서도 사랑이라 말하려니 부끄럽고 사랑을 모르고 한평생 사셨다는 고백이 진솔하게 느껴졌다. 이 것이야말로 삶을 위한 말귀에 해당하는 거 아닐까. 신기하게도 잘 쓴 글보다 진솔한 글이 울림을 준다. 꾸며서 멋들어지게 쓴 글이 감동이 없고 맞춤법도 틀리고 표현도 서툴지만 칠곡 가시나들의 글을 들으면 어떻게 저런 표현을 했을까 싶은 것들이 많다. 그래서였을까.

"시가 천지삐까리다"라고 했다. 시를 쓰라고 하면 은유를 먼저 떠올리고 멋들어진 표현을 찾게 되는데, 할머니들은 자신의 언어로 쓴 시가 가지는 힘을 알고 계신 것 같았다. 글자를 알고 글의 의미를 아는 우리는 절대 표현하지 못할 것들이다. 내 마음이나 생각을 글로 표현하는 즐거움, 같이 나누는 기쁨을 알게 된 칠곡 가시나들은 행복한 사람들이 분명하다.

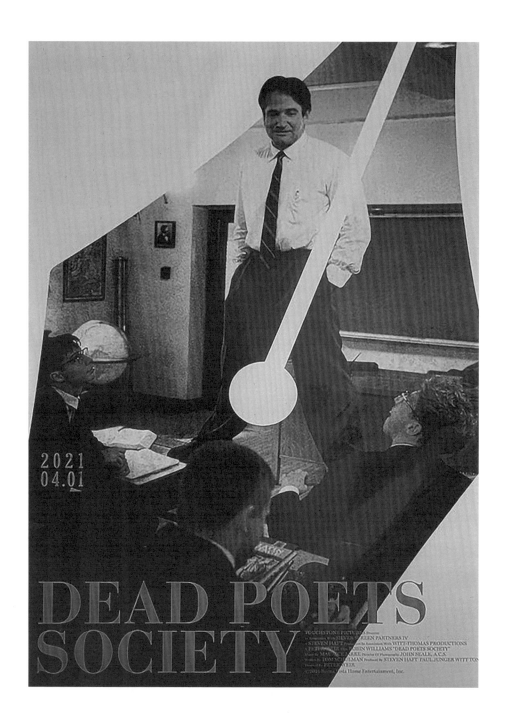

2021
04.01

DEAD POETS
SOCIETY

TOUCHSTONE PICTURES Present
In Association With STEVEN'S SCREEN PARTNERS IV
A STEVEN HAFT Production In Association With WITT-THOMAS PRODUCTIONS
A FILM BY PETER WEIR ROBIN WILLIAMS "DEAD POETS SOCIETY"
Music by MAURICE JARRE Director Of Photography JOHN SEALE, A.C.S.
Written by TOM SCHULMAN Produced by STEVEN HAFT PAUL JUNGER WITT TONY
Directed by PETER WEIR
©2021 Buena Vista Home Entertainment, Inc.

冷静と情熱のあいだ
Calmi Cuori Appassionati

심리학, 경제학, 교육문화로 읽는
영화 이야기

위대한 영화는
이것이 있다

지은이 양재우·이승호·정승훈
발행일 2022년 7월 27일 1쇄 발행
펴낸이 양근모
발행처 도서출판 청년정신
출판등록 1997년 12월 26일 제 10-1531호
주 소 경기도 파주시 문발로 115, 세종출판벤처타운 408호
전 화 031) 955-4923 팩스 031) 624-6928
이메일 pricker@empas.com